ARCIMBOLDI E L'ARTE DELLE MERAVIGLIE

SOMMARIO

In copertina:
Giuseppe Arcimboldi (1527-1593), *L'inverno* (1563). Vienna, Kunsthistorisches Museum.

Qui accanto:
Selvaggi abitanti della terra dei Mekriti (da sinistra a destra: un Blemmio, uno Sciopode e un Ciclope), illustrazione da Mandeville, *Livre des Merveilles*. Parigi, Bibliothèque Nationale.

PREMESSA

Sopra e nella pagina a fianco:
Matthäus Merian (1533-1650),
Paesaggio antropomorfo.

La possibilità di leggere l'opera in più modi (in questo caso un paesaggio o il profilo di un uomo) è un elemento caratteristico del raffinato manierismo sviluppatosi nelle corti italiane ed europee e di quell'"arte delle meraviglie" di cui l'Arcimboldi è stato uno dei più fertili inventori.

ARCIMBOLDI *e i suoi sorprendenti dipinti, relegati dalla cultura dell'Ottocento tra le astruserie del Manierismo, furono riscoperti agli inizi del nostro secolo dagli artisti d'avanguardia, che ne ammirarono la capacità inventiva già incline al "surreale", e da quanti si diedero allora a ricercare precedenti alle "trasgressioni" della nuova arte.*

L'opera dell'Arcimboldi non fu però un caso del tutto isolato (le sue fonti sono numerose, dalla pittura alla letteratura, all'arte dei giardini e della tavola), e tanto meno rivoluzionario. Come l'immagine della cornucopia, è una celebrazione della natura ma allude all'abbondanza anche e soprattutto come simbolo del buon governo, e come "frutto" di Grazia di un imperatore, alla cui corte l'Arcimboldi operò. È una pittura tutt'altro che trasgressiva, anzi gratificante.

Il "mostruoso" medievale di oscura e inquieta essenza demoniaca, connesso a un sistema di pensiero ancora animistico, si converte nella luce da fuoco d'artificio del "meraviglioso"; quelle allarmanti e anfibie sciarade di corpi si trasformano in un sistema concettoso di analogie concatenate e di "simpatie" tra l'umano e il naturale, che glorificano, insieme, l'universale dominio del potente e l'acutezza mentale dell'artista. Vi è esaltata infatti la sua capacità associativa all'interno di un nuovo sistema di corrispondenze (tipiche del Rinascimento, del Manierismo e del Barocco), dove il ciclo dell'uomo e delle sue quattro età si rilega a quello delle stagioni e degli elementi, e il tutto alla potestà del Signore.

D'altra parte, interrogando l'etimo, il passaggio dai "monstra" del Medioevo a quelli dell'Arcimboldi rivela la sua logica: "monstra" significa cose prodigiose da mostrare. C'è una continuità nella differenza, e per meglio coglierla abbiamo chiesto a Jurgis Baltrušaitis, il grande storico dell'arte lituano che vive a Parigi, di poter fondere in un nuovo nesso di lettura alcune parti del suo celebre libro Il Medioevo fantastico, *dove sono magistralmente descritti i "monstra" dell'età prerinascimentale. Siamo grati all'autore e all'editore italiano Adelphi di aver acconsentito.*

Anche l'Arcimboldi, come il suo Giano *e come l'aquila imperiale da lui dipinta sul bellicoso petto del* Fuoco, *ha poi due teste: se l'una guarda al passato, l'altra guarda al futuro, alle sia pur vaghe influenze delle sue invenzioni sull'arte contemporanea.*

Ne diamo conto nell'ultimo capitolo di questo dossier. Non si tratta più di "monstra" e di esercitazioni della fantasia sui modelli della natura; ma piuttosto di un nuovo codice di rappresentazione che infrange ogni modello, e di un ulteriore sistema di pensiero non più associativo (come lo era il primo, animisticamente, e il secondo per via di "simpatia"); ma dissociativo e analitico, non obbediente ai dettami dell'allegoria bensì dell'inconscio. Le aggregazioni dell'Arcimboldi vengono così interpretate a rovescio, come segmenti di una scomposizione.

Prima dell'Arcimboldi: mostri e bizzarrie medievali

Jurgis Baltrušaitis

I GRILLI

Qui sopra:
un grillo, particolare degli stalli lignei (1442) della chiesa di San Pietro a Lovanio (Belgio).

Nella pagina a fianco:
copia cinquecentesca da Hieronymus Bosch, *Tentazioni di Sant'Antonio*, particolare. Amsterdam, Rijksmuseum.

**Durante il Medioevo, i grilli (esseri di sembianza umana ma privi del torso) e numerosi altri esseri mostruosi entrano a fare parte di quei grandi complessi decorativi che sono le chiese romaniche e gotiche.
Sono immagini che si raccordano in modo molto stretto ai miti e alle superstizioni del mondo pagano.**

L'ANTICHITÀ greco-romana possiede due volti: da una parte, un mondo di dèi e di uomini dove tutto è eroico e nobile nello schiudersi di una vita possente e organica, e, dall'altra, un mondo di esseri fantastici dalle origini complesse, venuti spesso da molto lontano, e che presentano mescolanze di corpi e di nature eterogenee. Eppure si tratta della medesima visione di un'epopea fatta di elementi e aspetti molteplici, che costituiscono un universo completo e unico. Non così è nella storia delle sue sopravvivenze. Il Medioevo, che non ha mai perso contatto con l'antico sostrato, si volge ora verso l'uno, ora verso l'altro di questi aspetti.

Allorché attraversa un periodo classico, esso cerca i fondamenti di un'armonia e una immagine dell'uomo. Nei periodi in cui questa stabilità viene alterata, quando le metamorfosi delle forme e dello spirito scatenano la fantasia e l'immaginazione, ecco che ritroviamo il mostro e la bestia, e le stesse divinità dell'Olimpo rivestono spesso un carattere selvatico, quasi animale. Con questo spirito vi ha generalmente attinto l'iconografia romanica.

Nell'iconografia gotica nasce e si diffonde tutta una serie di creature strane, ignorate o poco conosciute nel XII secolo, e, in primo luogo, i mostri ottenuti per combinazione di teste.

Il tipo rudimentale di questa specie sostituisce l'intero corpo con una faccia. Esso compare già nel soffitto di Metz, verso il 1220. Fra numerosi esseri fantastici, ve ne sono due composti da una testa umana e da zampe attaccate a essa direttamente, senza ventre e senza tronco. In uno la nuca è ornata da una coda e alle orecchie si sostituiscono braccia che reggono uno scudo e brandiscono un'arma; l'altro sulle due zampe non ha che una testa barbuta. Nonostante queste riduzioni anatomiche, essi sono di una sconvolgente vivacità. Ritroviamo il mostro sul pavimento di Gournay (XIV secolo), a Hereford (1380) e a Lynn (1415 circa), nei rilievi degli stalli del coro. Il motivo, poi, è assai diffuso nella decorazione dei manoscritti.

Le combinazioni possono essere complesse: spesso sulla prima testa se ne innesta un'altra con un lungo collo. Su un medaglione del basamento della cattedrale di Lione (1310-1320), una maschera barbuta con zampe di cavallo ha sulla nuca un'escrescenza che termina in una seconda testa umana più

ta sene ra
star nel para di
so. Co
gliendo fior prosepi
na canta ua. Quando per la mor suo pluto cerca
ua:
En
che meglio di me fece pluto
ne. Chella rapi ma
Cosi mapparue ondio minnamoraua.
Ladona che paro le mani aluiso.
Per far che mai dallei fossi diuiso.
i stettei prigio
ne
ta senera star nel paradi
so. Co
gliendo
fior prosepina canta ua. Quando per la mor suo pluto cerca
ua:
En
che meglio di me fece pluto
ne. Chella rapi ma i stettei prigio
ne

piccola; il *Salterio* di Douai (1322-1325) ne mostra diverse varianti dove, a volte, il naso del viso inferiore si allunga e si trasforma in una coda. Nel *Salterio Louterell* (1340), e in un manoscritto di Cambrai (XIV secolo), la seconda testa è quella di un uccello, altrove quella di un cane o di un felino.

I primi libri stampati hanno fatto largo uso di queste combinazioni nelle iniziali e nelle illustrazioni. Su un foglio volante del 1548 l'animale si drizza su una colonna, come il serpente di bronzo in mezzo alla folla. La faccia che ha sul petto vomita fiamme e, sopra, si levano tre teste con i colli intrecciati, e una di esse porta il triregno: è la chimera di Babilonia, Satana, il Papa, messo in caricatura dalla Riforma.

Spesso la creatura è composta da una doppia maschera con le zampe — una faccia sul petto, l'altra sul dorso —, un viso davanti, un becco dietro.

Come nella serie precedente, accade che una terza testa si sovrapponga a questi tronchi composti. I colli possono essere sostituiti da torsi umani interi. Le facce circolano su tutto il corpo, si fissano dappertutto: appaiono su uccelli, quadrupedi, sirene, esseri fantastici di ogni specie.

Le *Heures* di Thérouanne (della fine del Duecento), le travi dipinte di Colonia (1370 circa) riuniscono una gran quantità di questi prodigi: i musi spuntano nei luoghi più assurdi. L'incrostazione si compie però con tale abilità che essi si incorporano naturalmente all'organismo.

A parte qualche esempio isolato, come il reliquiario di Sant'Albino di Colonia (1186) o il recinto in stucco del coro di Halberstadt (1200 circa), il mostruoso si diffonde soprattutto dopo il 1250. A partire dalla prima metà del Trecento è assai frequente in quasi tutti i grandi cantieri gotici, soprattutto in Inghilterra, in Francia, in Fiandra e in Germania. Ma non è stato il Medioevo a dare l'avvio alle sue forme.

Nella pagina a fianco: pagina miniata dal *Codice Squarcialupi* (XV sec.). Firenze, Biblioteca Laurenziana.

Qui accanto: Giovannino de' Grassi (?-1398), pagina miniata con iniziali delle lettere dell'alfabeto dal *Taccuino*. Bergamo, Biblioteca Civica.

Nelle decorazioni marginali dei codici miniati, gli artisti hanno maggiore libertà nel dipingere esseri fantastici riprendendo iconografie inconsuete. Talvolta emergono riferimenti alla cultura figurativa orientale. L'elemento mostruoso e abnorme presente nei bestiari medievali è trasformato dalla raffinata grafia di Giovannino de' Grassi in una elegantissima modulazione del colore e della linea.

In queste due pagine: calchi di gemme gnostiche.

1

2

3

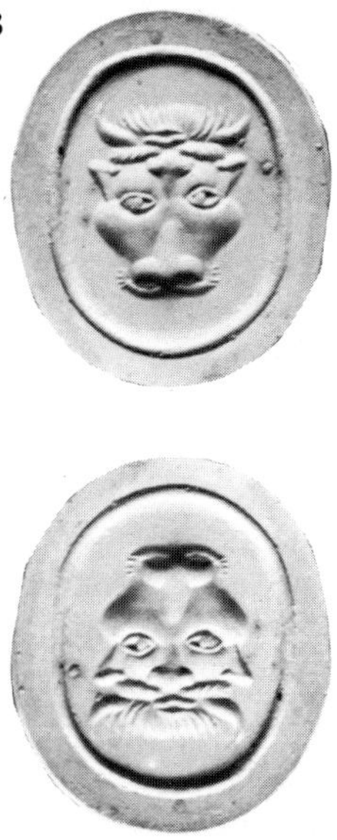

4

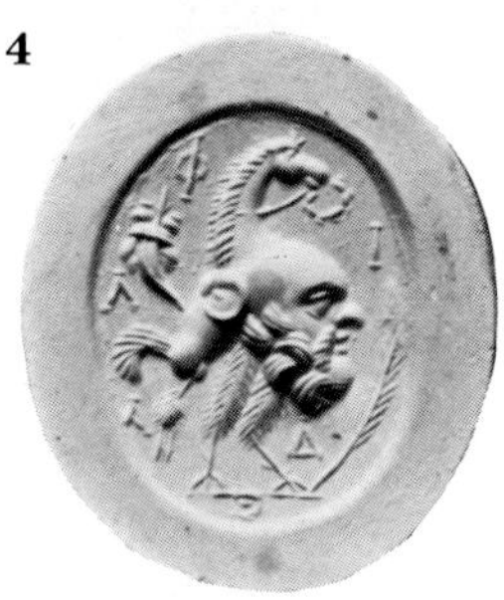

5

Le gemme gnostiche sono state così definite dagli archeologi per gli elementi dottrinari che in esse sono stati riconosciuti. Esse sono state anche chiamate "abraxas" dal nome della divinità gnostica che ha il valore numerico di 365, corrispondente alla durata di un anno. Tale numero è ricavato dalla somma delle lettere che ne compongono il nome (esempio: α=1, σ=200, e così via. Le gemme avevano funzione di amuleto o di talismano. Spesso erano accompagnate da iscrizioni dette "palindromes", che letteralmente vuol dire "parole che corrono indietro" e che di fatto possono essere lette da entrambi i lati. Il medesimo spirito magico è alla base delle immagini qui riprodotte, che possono essere interpretate in più modi a seconda della posizione data alla gemma:
1) tre teste;
2) testa maschile, femminile o di elefante;

La glittica greco-romana offre tutte le varianti possibili di queste combinazioni: teste su zampe, teste su zampe con, a guisa di copricapo, un collo a testa d'uccello o di quadrupede, tronchi a doppia faccia, con sovrapposta una terza testa o, anche, un busto. Quattro, cinque, sei, sette facce o musi bestiali si uniscono sul medesimo organismo. Volti umani si profilano sul petto o sul posteriore dei cavalli, sul petto di aquile, su insetti. Non si tratta di una vaga analogia di procedimento, ma dello stesso gruppo zoologico.

Queste figurine incise sono state chiamate "grilli", sulla base di un testo di Plinio il Vecchio relativo alla caricatura di un certo Gryllos (porcellino), dovuta a un contemporaneo di Apelle, Antiphilos l'Egiziano. Usato dapprima genericamente a indicare il genere satirico della pittura a forti deformazioni, il nome finisce per essere applicato esclusivamente alla glittica che rappresenta esseri i cui corpi sono composti di teste. Le pietre incise con queste effigi avevano indubbiamente dei poteri magici. Una forza sovrannaturale sgorga dallo spostamento, dalla ripetizione, dalla dilatazione mostruosa e dalla mescolanza delle forme viventi. Secondo il Blanchet, la parola "accrescimento" che accompagna un grillo e la frequenza delle teste d'ariete indicherebbero che questi amuleti avevano a che fare con la fertilità e la ricchezza.

Nella composizione del grillo debbono essere distinti due elementi: la testa su zampe e spostata, e la testa moltiplicata. Ciascuna ha avuto provenienza e anche sviluppo indipendenti.

Una volta ammesso il principio di una faccia mobile, le maschere cominciano a spostarsi circolarmente lungo corpi che conservano la testa sulle spalle. Appaiono sul ventre dei guerrieri o si saldano alle cosce di geni alati. In Bès le ginocchia sono talvolta a testa di leone, i piedi a testa di serpente o di sciacallo. Il gesto di Baubo che derise Demetra è stato interpretato come una danza del ventre: il viso dipinto, che ride e fa smorfie a ogni contorsione. Del resto, per spostare una testa e farne il centro di una figura umana, non sempre è stata indispensabile la sua soppressione preliminare. Su molti sigilli trovati a Creta (casa micenea di Zakro), non si tratta di veri e propri acefali con gli occhi sul petto, ma semplicemente di teste con gambe: larghe maschere sedute su piccole zampe, che appartengono a uno stesso gruppo. Troviamo inoltre qui uno dei primi abbozzi del grillo propriamente detto: il disegno mostra la silhouette di una testa di toro, formata dall'incastro di due uccelli e di un cranio di bue, sormontata da una doppia ascia. Gli uccelli sono dorso a dorso: i colli si confondono con le corna, le ali e la coda con il muso della bestia. Considerando solo la metà di questa composizione, ne viene fuori un volatile con una testa sul posteriore.

Fino a questo punto abbiamo dunque, da una parte, delle teste su zampe, dall'altra, delle teste vaganti su differenti parti del corpo, forse in rapporto a divinità decapitate, ma non ancora corpi costituiti da maschere multiple.

I primi grilli conosciuti risultano dalla contaminazione di due diverse stirpi: le teste moltiplicate, e le teste con gambe e spostate. Senza dubbio, le stesse fusioni possono essere state fatte in altro modo, ma è in questa serie che, fino a ora, si coglie meglio il processo.

Le due famiglie si sviluppano indipendentemente e continuano ad arricchirsi. Si sa bene come siano stati numerosi i discendenti greco-romani delle divinità asiatiche con facce e virtù multiple: Borea, il vento freddo e secco; Kronos, il Tempo, con un viso volto verso il passato e l'altro verso l'avvenire; Giano, il dio della porta, che sorveglia a un tempo l'entrata e l'uscita della casa; Argo, che può dormire con un viso mentre con l'altro veglia; Hermes, Mercurio, Cerbero a doppia e tripla testa; Ecate a tre facce, simbolo delle tre divinità lunari o della trilogia Selene-Artemide-Persefone; o la dea degli incroci, le erme dei crocicchi che possiedono da due a quattro volti.

Nella glittica classica, in cui si elabora un'arte dell'effigie che raffigura soltanto la testa tagliata all'altezza del collo, questo tema multicefalo diventa il soggetto principale. Secondo il caso, si adottano tutte le possibili combinazioni di facce multiple. Le vediamo saldate, incastrate, inserite una dentro l'altra; una testa unica, una testa doppia con, a guisa di copricapo, una maschera a viso unico, una testa unica con sopra una doppia maschera, una doppia maschera con un terzo viso sul mento, teste a cinque, a dieci facce. Teste umane sono accoppiate a teste di animali. Da una nuca sorgono becchi d'uccelli, teste di cinghiali, di cavalli e di arieti. Dietro una maschera barbuta spunta il grugno d'un maiale. Su certe gemme, queste combinazioni pendono come grappoli.

Elaborate e messe a punto secondo sviluppi indipendenti, queste maschere aggrovigliate e incastrate si innestano anche sui geni senza testa e sugli animali a musi spostati, rinnovandone le forme. Il grillo greco-romano risulta da una fusione simile a quella del tipo sardo, ma la tecnica si perfeziona: le parti sono adattate con abilità e tutta la scienza antica dei corpi viventi è messa in gioco di modo che le giustapposizioni più ardite sembrano sorprendentemente esatte.

Mentre negli scarabei di Tharros (Sardegna) i vari elementi si combinano senza fondersi, qui l'unione è organica: il viluppo di teste in cammino si ricompone all'interno di un quadrupede o di un uccello. Benché fatto di parti e frammenti, il mostro sembra pronto a vivere ed è forse questa una delle ragioni del suo successo. I grilli godono di una fama particolare nel II e nel III secolo e si diffondono su una vasta zona, dalla Gallia fino a Begram. In Persia li ritroviamo sui sigilli sasanidi, ma come una sopravvivenza locale. Il sistema è conosciuto universalmente.

L'elmo che, esso pure, combina le forme animali attorno a una testa, perviene agli stessi effetti. Gli dèi e i soldati antichi erano spesso coperti da maschere bestiali.

La testa del personaggio si raddoppia così con la testa di un animale, come su un grillo persiano o scita. E si combina anche con molte facce umane, scolpite sull'elmo stesso. Quando un guerriero si veste di questa armatura, si trasforma in un dio dalle molte facce, fra le quali una soltanto è vera, la sua. La glittica ce ne presenta un gran numero: talora le maschere raggruppate attorno a una testa si incorporano a essa organicamente, talora sono poste a mo' di copricapo, ma così ben sistemate che sembra compongano un corpo unico con il mostro o, in ogni caso, modellino esattamente il suo aspetto: abbiamo qui dei grilli antropomorfi.

Due elementi caratterizzano l'ultimo stadio del grillo gotico: da un lato la sua scomposizione, dall'altro una vivacità ancor più impetuosa e intensa. Spesso, nelle iniziali e nelle vignette del Quattrocento e del Cinquecento, l'essere composito si scinde. Le teste, le facce e i cimieri si separano gli uni dagli altri. Le maschere di un duplice volto sono divise dalla gamba o dalla curva di una lettera. La testa dell'animale non è più saldata dietro la testa umana ma semplicemente giustapposta. Talvolta, il collo d'uccello che esce dal cranio ne è brutalmente staccato. Tutte le parti rimangono al posto loro, ma non formano più un organismo. La bestia viene scomposta nella decorazione dei libri. Ma questa evoluzione è secondaria. In generale, essa è ora caratterizzata da un realismo brutale e eccessivo. Il mostro non è mai stato così ben definito nei particolari, e così incredibile nell'insieme, come in Hieronymus Bosch.

3) toro o volto tricipite;
4) uccello con corpo in forma di faccia umana;

6

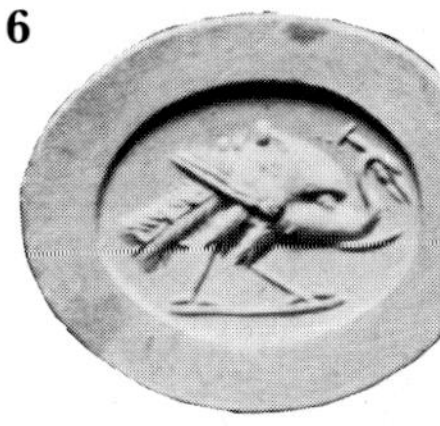

5) insieme di tre teste: rapace, cervo e fauno;
6) pavone o testa umana;
7) testa di aquila o di fauno;

7

8

8) toro, cavallo e ariete;

9

10

9) volatile composto da una testa di ariete e una di fauno;
10) insieme composito.

Hieronymus Bosch (1450 ca. - 1516), *Trittico degli Eremiti* (1505). Venezia, Palazzo Ducale.

In Bosch i grilli sono numerosissimi e prendono tutte le forme: il "grillo-uccello", il "grillo-insetto" con una faccia umana sul torace, come certe mosche delle gemme antiche, visi doppi, personaggi con un naso sul dorso, acefali, teste con gambe — quest'ultime particolarmente numerose. Non sono più le nobili maschere greco-romane, e neanche le grottesche figure delle bizzarrie dei margini dei codici, si tratta invece di veri ritratti. Teste gonfie, dal mento pesante, dagli occhi inespressivi, teste ossute, raggrinzite dall'angoscia, teste sorridenti di gaudenti e di burloni circolano in libertà, attaccate direttamente alle gambe. La loro natura è ancora più sconcertante che se si trattasse di facce mostruose. Nella *Pala degli Eremiti* (Venezia, Palazzo Ducale), sul pannello di sinistra, in primo piano, una testa di donna con gli stivali getta uno sguardo severo e quasi patetico. Secondo la moda del tempo, è cinta da un velo bianco ma, sopra di esso, è posato un gufo nel suo nido, come un cimiero ornitomorfo. Spesso, in Bosch, gli elmi diventano degli esseri animati e del tutto indipendenti. In un disegno oggi a Oxford, un elmo saltella come una ranocchia, un altro vola, portato dal suo cimiero alato. Sono simili ai mostri di Grünberg fuggiti dallo spogliatoio. Nel *Giudizio finale* di Vienna, che forse è solo una replica, ma che Lucas Cranach ha egualmente copiato al tempo del suo soggiorno nei Paesi Bassi, queste creature spuntano dappertutto: a sinistra sul tetto della casa, si vede una testa barbuta con due gambe e una mitra bizantina; più in basso, una testa d'uomo con un elmo cavalca un uccello fantastico; un'altra testa, dai piedi enormi, s'avanza dietro un gruppo di mostri; fra le due, un acefalo brandisce un'arma; un po' più indietro si ritrova la testa con le gambe, questa volta dentro un uovo. Nell'ultimo atto della storia del mondo il grillo è uno degli attori principali.

Hieronymus Bosch, *Trittico delle Delizie* (1503-1504): faccia interna dello scomparto laterale destro con la raffigurazione de *L'inferno musicale*. Madrid, Prado.

L'irreale e il mostruoso di Bosch nascono dalla combinazione e dalla deformazione di immagini reali. C'è una contaminazione delle parti meno nobili, più sgradevoli, o degli organi della percezione strettamente legati al peccato, in modo da creare una contro-natura. Ne *L'inferno musicale* l'allusione evidente all'udito e alla musica è giocata sulla duplice valenza di questa arte, che può essere divina o demoniaca.

Anche nella *Tentazione* di Lisbona esso ha una parte importante. Sul pannello di destra una figura di Baubo è seduta in terra, con un pugnale nel ventre. Sul pannello centrale, un grillo si agita in un canotto. A sinistra il muso di un unicorno se ne va su una groppa d'asino. Ma è al centro del quadro che si colloca la scena più enigmatica: una testa con gambe, drappeggiata in un turbante scuro, siede con disinvoltura di fronte all'eremita. Sant'Antonio la scorge e si volta. Tutto è al suo posto in questo profilo dai tratti grossolani ma regolari. Le gambe muscolose, calzate da stivali su una calzamaglia, sono di un realismo straordinario. È questa normalità nell'impossibile che appare in grado, essa sola, di spaventare il santo in mezzo allo scatenarsi dei diavoli. La testa lo fissa. Sembra che si stabilisca un dialogo. L'intera visione si svolge intorno a questo muto colloquio fra il grillo e il monaco. Si è pensato di scorgere in questa figura un autoritratto di Bosch. Per l'atteggiamento, l'anatomia, i tratti, è assai vicina, invece, al mostro inciso sul sigillo falso antico di Raoul Aubry, giudice a Lilla verso il 1320.

Tutta la pittura di diavolerie riprende e moltiplica questi esseri fantastici. Questo sbocciare di temi antichi negli ultimi dieci anni del Quattrocento e nel Cinquecento è talmente robusto che è lecito chiedersi se esso non sia ormai in rapporto diretto con il Rinascimento. I *Comentarios de la Pintura* di Don Felipe de Guevara (1560 circa), figlio di Don Diego, sovrintendente alle tappezzerie di Margherita d'Austria, che forse conobbe Bosch (del quale la reggente dei Paesi Bassi possedeva una *Tentazione*), proiettano una luce inaspettata su tale questione: «Poco tempo fa ho scoperto un altro genere di pittura, detto grillo. Questo nome gli fu dato da Antiphilos, che dipinse un uomo che chiamò grillo per burla. Da allora questo genere di pittura fu chiamato grillo. Antiphilos nacque in Egitto, e imparò da Ctesidene questo genere di pittura che mi parve simile a quello che la nostra epoca tanto loda in Bosch o Bosco, come diciamo noi, il quale era sempre strano, dipingendo personaggi bizzarri e atteggiamenti insoliti». Così la parola "grillo" è pronunciata e impiegata nella sua accezione moderna da un collezionista di Bosch, quasi suo contemporaneo. È possibile che a quest'epoca il termine avesse un significato più generico e che il riferimento al testo di Plinio fosse dovuto solo a un azzardo erudito. Eppure, tra le creature che si riallacciano al mondo greco-romano, gli esseri compositi a teste moltiplicate e spostate si accumulano in maniera particolare nei quadri di Bosch. D'altro canto, nel *Traité des Gemmes Antiques* del canonico Macarius (morto nel 1614), il termine "grillo" è riservato esclusivamente a mostri risultanti dalla combinazione di maschere provviste di zampe e di un cimiero di cavallo. Come nel caso dei pittori dell'Inferno, essi rientrano in una categoria demoniaca, «mandre abominevoli e impure di diavoli». Anche se, all'inizio, il termine ha potuto conservare un'accezione più larga e più conforme a Plinio, ben presto lo si usò in senso restrittivo riferendolo a un bestiario particolare. Nulla è più rivelatore di questa introduzione del vocabolo "grillo" durante il secolo della sua ultima fioritura. Diffusi dapprima senza conoscenza esatta delle fonti, come antichità e come esotismi indefiniti, a un dato momento i grilli rivivono come "maniera ellenistica" ben identificata. Nelle scuole del Nord, il Rinascimento è assai precoce, almeno per certi motivi tematici. In un primo tempo esso assume una forma mostruosa e proviene direttamente dal Medioevo.

Le vegetazioni zoomorfe e antropomorfe

Le piante dai frutti zoomorfici derivano da una duplice tradizione: ornamentale e leggendaria.

Ne abbiamo una raffigurazione nel *Salterio Chloudof*, eseguito

Pieter Bruegel il vecchio (1528 ca-1569), *Caduta degli angeli ribelli* (firmato e datato 1562). Bruxelles, Musées Royaux des Beaux Arts.
Il tema diventa l'occasione per la rappresentazione del Male nel suo manifestarsi. Gli angeli, creature di Dio, una volta ribellatisi, sono orrendamente trasformati in una sorta di "anticreazione". Il dipinto dimostra l'influenza esercitata da Bosch in ambiente fiammingo per la nascita di una pittura dal carattere, oltreché fantastico, profondamente moraleggiante.

Arcimboldi: un imprevedibile erede di Leonardo

Francesco Porzio

Nella pagina a fianco: Giuseppe Arcimboldi, *Il bibliotecario* (1566 ca.). Stoccolma, Skoklosters Slott, Styrelsen.

Qui sopra: Giuseppe Arcimboldi, *Autoritratto* (1575 ca.). Praga, Národni Galerie.

LA FORTUNA di Giuseppe Arcimboldi (Milano, 1527 circa - 1593) è sempre stata legata all'invenzione delle sue famose "teste composte" ("têtes composées", come le chiamavano i surrealisti), nature morte di fiori, frutti, animali e altri oggetti agglomerati (assemblati, si direbbe oggi, pensando all'arte di Arman o di Chamberlain) a formare profili o mezzi busti di figure ambigue, oscillanti fra lo spettacolo pseudoscientifico della natura, il suo splendore cattivante, e il grottesco respingente della caricatura.

Per capire Arcimboldi bisogna liberarsi della sua idea; disfarsi, almeno in un primo tempo, della sua strana invenzione. È una affermazione paradossale ma non c'è dubbio che il lato ingegnoso, spettacolare della trovata arcimboldesca ha ostacolato più di una volta la sua comprensione. Inseguendola ci si è appagati di una lettura superficiale, troppo facile. E anche la critica ha finito per insistere troppo sull'elemento astratto, concettuale, che presiede al meccanismo compositivo.

Bisogna ammettere una volta per tutte che l'idea in sé — l'idea di costruire delle teste umane servendosi di elementi pertinenti ma di altra natura — ha un valore che non oltrepassa appunto quello di una trovata ingegnosa, neppure del tutto originale (Lomazzo la fa risalire a Roger van der Weyden) e comunque non superiore, come tale, ai fuochi d'artificio prodotti negli stessi anni dal concettismo visivo della cultura manierista (basti pensare alle grottesche, o alla anamorfosi). Arcimboldi non è importante perché ha avuto e diffuso questa idea elementare; è importante perché l'ha risolta in termini qualitativi elevatissimi e soprattutto perché ha saputo farne un simbolo ricchissimo di significati concettuali, sì, ma anche formali: un vero e proprio manifesto della cultura e dell'arte del suo tempo.

Ripercorrendo la fortuna di Arcimboldi, si vede bene che la sua idea ha funzionato a doppio taglio. Da un lato, come al solito, è servita da richiamo, dall'altro ha distratto dal chiarire, distinguere e approfondire.

Che questo accadesse da parte dei surrealisti, che riscoprirono Arcimboldi negli anni Trenta, non deve meravigliare, perché Man Ray e gli altri non puntavano a un recupero critico: era come ritrovare un padre nel passato, l'anticipatore di un

Giuseppe Arcimboldi, *Ritratto di Rodolfo II in veste di Vertunno* (1591). Stoccolma, Skoklosters Slott, Styrelsen.

Sotto l'aspetto stravagante e bizzarro del ritratto si nasconde un'allegoria della dignità imperiale.

Vertunno è il dio delle mutazioni; gli si attribuiva la facoltà di trasformarsi in qualsiasi cosa desiderasse.

gioco terribilmente serio tenuto sul filo ambiguo che corre tra il reale e il fantastico.

Quando però l'idea folgorò Benno Geiger, il primo autore di una monografia (1954), provocò subito notevoli problemi sul piano, delicatissimo, del corpus pittorico, cioè dell'attribuzione e della sistemazione dei dipinti autografi.

Geiger a suo modo fu un ricercatore geniale, poliedrico e pieno d'entusiasmo. Dobbiamo a lui un'importante messe di documenti e lo spoglio delle fonti più indicate per ricostruire l'attività dell'artista e il suo ruolo a Milano e presso le corti di Vienna e di Praga, dove risiedette a lungo al servizio di tre imperatori della casa asburgica.

Geiger però non possedeva un occhio infallibile, non aveva l'approccio del conoscitore. Puntò quindi sull'idea, e solo sull'idea. Il risultato fu di attribuire al nostro Arcimboldi tutti i quadri che tale idea ripetevano o suggerivano, con mille combinazioni. Se si pensa che già Gregorio Comanini (amico e primo critico del pittore) protestava riguardo a certe contraffazioni: «...et quante per le botteghe di molti pittori se ne veggono assai rozzamente composte tutte sono imitationi e semplici ruberie delle sue cose». Se si pensa poi che la fortuna dell'idea prosegue ininterrotta fino a oggi, passando attraverso le stampe popolari, le caricature, la metafisica, il surrealismo, l'Art Brut e la grafica pubblicitaria, che se ne serve di continuo, si può immaginare la folla sterminata di arcimboldeschi che Geiger si trovò ad affrontare.

Il risultato fu un catalogo troppo esteso, davvero gigantesco per un pittore che senza dubbio è tra i più rari del mondo. Credo che, a voler essere generosi, le teste autografe conosciute dell'Arcimboldi rasentino a stento la dozzina; e tra queste i pochi punti certi da cui partire per una definizione seria del catalogo (che non è ancora stata fatta) sono i quattro esemplari del Museo di Vienna (due "stagioni" e due "elementi"), la *Primavera* di Madrid, la *Terra* in collezione privata a Vienna e il bellissimo *Vertunno* di Stoccolma.

Da qui bisogna partire, col massimo rigore e senza farsi condizionare dagli entusiasmi di chi ha tutte le debolezze per farsi "geigeriano", vale a dire per promuovere all'autografia dei semplici e anche tardivi imitatori. Si deve tener presente che nelle sue teste Arcimboldi è di una qualità altissima, di un nitore adamantino.

Per queste invenzioni i documenti valgono poco, perché possono sempre riferirsi a un originale perduto; senza contare che repliche piuttosto fedeli vennero subito fatte, forse nella stessa bottega dell'artista.

Una prima sfoltita del catalogo era venuta poco dopo lo studio di Geiger, da parte di Legrand e Sluys, e si può dire che da allora (1955) gli studiosi si sono concentrati quasi soltanto sulla famigerata, curiosissima idea compositiva. Su questo piano si sono fatti grandi passi in avanti, e anche delle scoperte eccezionali; ma si è trascurato troppo il problema delle fonti stilistiche, della cultura pittorica dell'autore e delle sue teste, a vantaggio quasi esclusivo delle fonti letterarie e concettuali.

Va detto, almeno a parziale discolpa, che le origini milanesi dell'Arcimboldi come pittore di figura non "capriccioso" sono piuttosto oscure. Sappiamo che negli anni Cinquanta lavorò nel cantiere del Duomo prima di passare a Vienna, attorno al 1562, come ritrattista e pittore di corte di Ferdinando I (1558-1564). Dipinse degli stemmi nobiliari, oggi perduti, e fece dei cartoni per alcune vetrate dalle quali non è facile ricavare indicazioni stilistiche precise perché si tratta, naturalmente, di una traccia molto attenuata e distorta dal passaggio a un medium diverso.

Lo stesso problema si incontra nell'arazzo del Duomo di Como, impronta alquanto mediata di un cartone (1558) sicuramente arcimboldesco.

Certo, qualcosa si può dire: che i tre apostoli di destra (soprattutto quello di schiena) tradiscono un chiaro ricordo della *Scuola di Atene* di Raffaello, al punto che si può dare per probabile un già avvenuto viaggio a Roma (per quanto circolassero pose simili nelle stampe); che le facce arcigne, scavate, espressive, le barbe nodose fanno pensare a una strana mistura di leonardismo e di anatomismo alla maniera fiamminga "romanizzata"; che, infine, l'assurdo scorcio della Vergine è certamente la traduzione imprecisa, da parte dell'arazziere, di un funambolismo prospettico tipicamente milanese (si può pensare al Bramantino, o alla quasi coeva *Pietà con San Francesco* di Vincenzo Campi).

Sull'attività di Arcimboldi in questi primi anni si preparano notevoli scoperte, perché sono stati rintracciati nuovi documenti e si annunciano importanti attribuzioni. Per ora dobbiamo limitarci a supporre che la sua cultura milanese seguisse l'asse tradizionale Leonardo-Bramantino-Gaudenzio Ferrari, con il

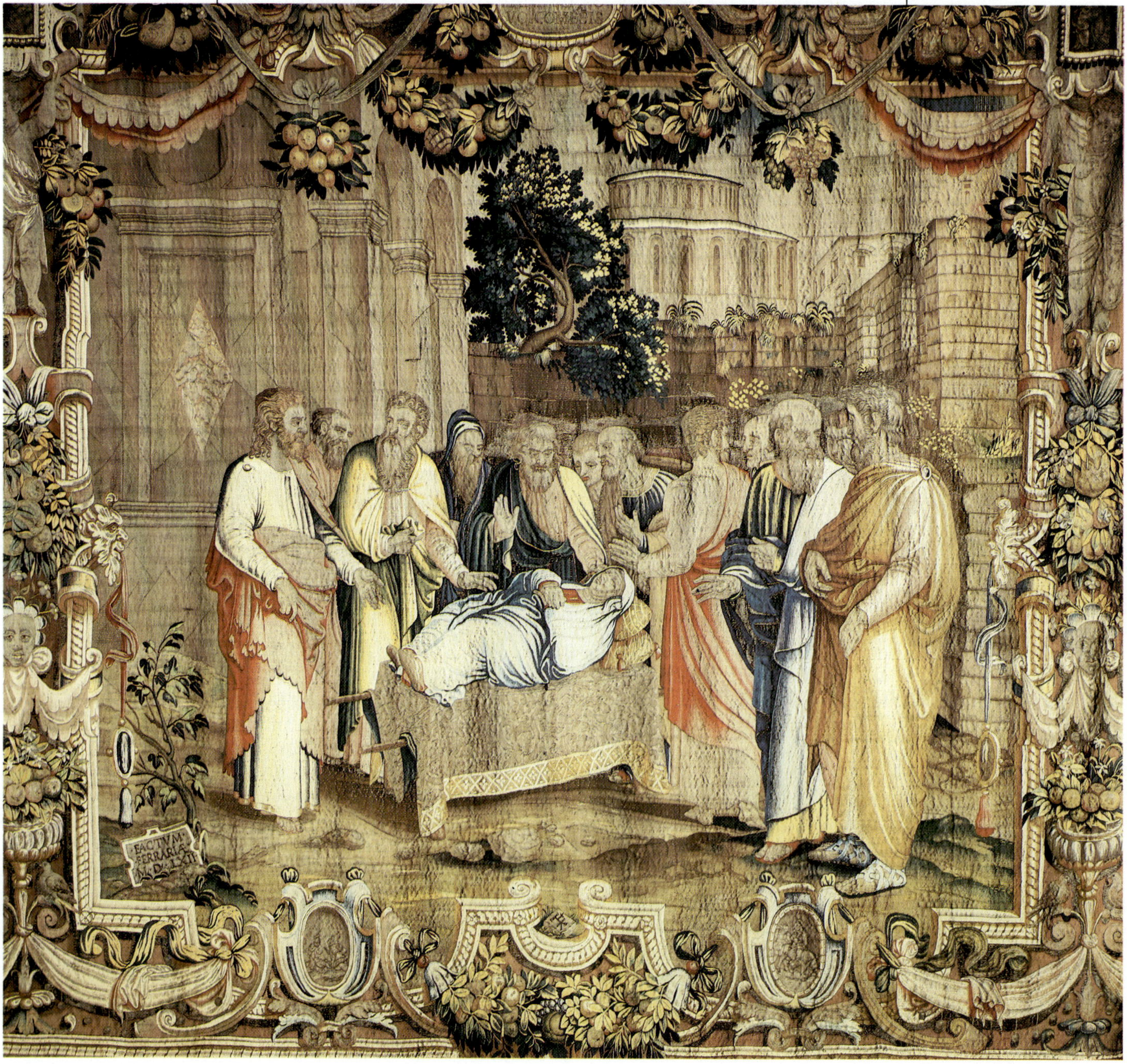

Giovanni Karcher (notizie dal 1517 al 1562), *La morte della Vergine* (1561-1562). Como, Duomo.

L'arazzo è stato realizzato dall'artista fiammingo basandosi su un cartone fornito dall'Arcimboldi nel 1558. Assieme ad alcune vetrate del Duomo di Milano e agli affreschi del Duomo di Monza recentemente restituiti all'Arcimboldi (fig. a p. 43), l'arazzo di Como è una delle poche opere che possono darci delle indicazioni sulla cultura pittorica dell'artista durante la sua formazione a Milano.

consueto innesto della grande maniera classicheggiante (si vedano certi profili di volti nelle vetrate) e della sua declinazione grottesca a Mantova, con l'influsso degli egemoni fratelli Campi cremonesi e con un netto interesse per i fiamminghi, "romanisti" e non, come era del tutto prevedibile nella Milano di quegli anni. Un punto di riferimento può essere l'amico Giuseppe Meda (con lui Arcimboldi lavorò per il gonfalone di Sant'Ambrogio, tutt'ora esistente), con il suo spericolato gigantismo prospettico (le ante d'organo del Duomo). Forse era un po' il marchio della fronda milanese, che stava riconquistando terreno proprio in quegli anni; e in questo il nostro pittore poté ricevere una benevola spinta dal prozio Gianangelo, che fu arcivescovo della città dal 1550 al 1555.

La critica insomma è stata ancor più spinta, dalla scarsità di elementi sul primo Arcimboldi, a concentrarsi sulle "teste composte". Qui, anche per reagire all'interpretazione più banale, di tipo comico e caricaturale, si è insistito moltissimo, forse persino troppo, sull'ambiente culturale della corte asburgica e sul retroscena simbolico e concettoso delle figure.

In questa direzione si erano già mossi lo svedese Alfons (1957) e il cecoslovacco Preiss (1967), con due buoni studi che in Italia quasi nessuno conosce.

Ma la vera svolta è firmata da Thomas Da Costa Kaufmann, e si basa su un ritrovamento insperato nella Biblioteca Nazionale di Vienna: una serie di manoscritti che provengono dall'entourage di corte del pittore e che propongono un'interpretazione allegorico-celebrativa dei due famosi cicli delle *Stagioni* e degli *Elementi*.

Tra l'altro questi documenti, del 1568-1571, confermano che nella corte di Massimiliano II (1564-1576) e di Rodolfo II (1576-1612) Arcimboldi non fu solo pittore ma anche ideatore di giochi, tornei, spettacoli e costumi (era già conosciuta una cartella di 148 disegni per una festa, datata 1585 e dedicata a Rodolfo). Del resto il nostro fu anche autore di scritture cifrate e persino di una trascrizione cromatica delle note musicali; un esperimento, questo, che anticipa di oltre un secolo quello di Louis Bertrand Castel, il gesuita del "clavecin oculaire" ricordato da Rousseau nelle *Confessioni*.

Non è possibile, qui, riassumere i contenuti di questi manoscritti e chiarirne il significato storico e culturale. La parte che più ci interessa è un poema scritto da un altro milanese al servizio degli Asburgo, Giovanni Battista Fontana (Fonteius, in latino), poema che ha per oggetto le due famose serie dell'Arcimboldi ed è connesso a un'importante festa di corte.

Qui si ha un'interpretazione allegorico-celebrativa tipica delle mascherate cinque-secentesche.

Secondo Fontana, che si basa su un sistema di corrispondenze fra microcosmo e macrocosmo, anch'esso tipico della cultura rinascimentale, le *Stagioni* e gli *Elementi* (Aria, Fuoco, Terra, Acqua) di Arcimboldi vanno intesi come un omaggio all'imperatore: i profili infatti sono "cesareos vultus", cioè ritratti dell'imperatore che celebrano il suo dominio sulle stagioni e sugli elementi (macrocosmo) e sul microcosmo che a essi è subordinato (fiori, oggetti e così via).

Essi prendono forma umana per significare appunto il dominio della casa d'Austria sull'universo e sul tempo nella persona del sovrano.

Grazie a questa chiave di lettura, molti dettagli dei dipinti diventano più chiari: l'aquila e il pavone asburgico nell'*Aria* (nota attraverso una copia); l'aquila bicipite e il collare del Toson d'Oro fatto di acciarini nel *Fuoco* (l'acciarino era un'impresa degli Asburgo); il vello del Toson d'Oro e la pelle del leone

Sopra:
Leonardo da Vinci, particolare con testa leonina da *Due studi di animali fantastici*. Windsor Castle, Royal Library.

Qui a fianco:
Giuseppe Arcimboldi, *La terra* (1570).

Nella pagina a fianco:
Giuseppe Arcimboldi, *Il fuoco* (1566). Vienna, Kunsthistorisches Museum.

d'Ercole, simbolo boemo, nella *Terra*; l'acciarino intessuto nella cappa di paglia dell'*Inverno*, e così via. Inoltre tutti i "ritratti" alludono sul capo a una specie di corona e sono pensati per fronteggiarsi a coppie, secondo l'infinita catena di corrispondenze che associa stagioni, elementi ma anche età (la *Primavera* è giovane, l'*Inverno* è vecchio), umori (quindi fisionomie) e via dicendo. Tutto questo alluderebbe anche all'armonia dell'Impero e alla politica matrimoniale (le coppie) degli Asburgo.

In parte, dunque, questa lettura è chiarificatrice, ed è certo che Arcimboldi la conobbe, la assecondò e forse contribuì a ispirarla.

Un caso analogo si ripresentò alcuni anni dopo con il *Vertunno* (1591), che raffigurava Rodolfo II dietro a un'altra vertigine di simboli. Essi sono testimoniati da un altro poemetto di accompagnamento, questa volta del Comanini: Vertunno è il dio delle stagioni, del mutamento (dal latino "vertere", cioè volgere), ed è composto dai frutti dell'intero anno, a significare ancora il dominio universale del sovrano.

Lo stesso Comanini, altrove, propone una lettura simbolica ancora più sottile. Ogni animale che compone la *Terra* avrebbe un suo significato in relazione al posto che occupa nella testa: per esempio l'elefante, animale pudico, fa da guancia che è sede della

Anonimo, *Agricoltura* (1567).
La testa composta da strumenti agricoli è di chiara ispirazione arcimboldesca, a dimostrazione dell'immediato successo delle immagini inventate dall'artista lombardo.

Nella pagina a fianco: Giuseppe Arcimboldi, *L'acqua* (1568). Vienna, Kunsthistorisches Museum.

vergogna. Queste letture concettose sono in piena sintonia con l'estetica dell'ingegno di quel tempo, che ha già molto del barocco (si legga la straordinaria lettera "arcimboldesca" che Marino scrive al padre nel 1605); se però vengono prese troppo alla lettera, rischiano di assecondare delle interpretazioni non del tutto coscienti al momento della ideazione del quadro.

Di simbolismi dedotti a posteriori, del resto, è piena la letteratura del tardo Cinquecento, ed è probabile che molti elementi delle letture di Fontana e di Comanini siano di questa specie: allo stesso Arcimboldi doveva sembrare una cosa legittima e naturale.

Il problema però è più delicato se vogliamo ricostruire l'iter che ha portato alle "teste composte" nel loro effettivo costituirsi come edificio formale e compositivo.

Tra l'altro non si può trascurare il fatto che entrambe le serie delle *Stagioni* e degli *Elementi* erano già state concepite (1563 e 1566) prima delle interpretazioni del bravo Fontana, e che sia sul piano formale che su quello concettuale l'idea compositiva funziona benissimo anche senza di loro. Probabilmente, anzi, essa era stata messa a punto a Milano alcuni anni prima (Morigia).

Seguire troppo gli umanisti del tempo nelle loro letture celebrative alla lunga può essere una strada senza uscita, una ricerca che rimanda sempre a se stessa. Ed è bene diffidare dai loro paragoni con i pittori antichi per dimostrare l'originalità dei "grilli" arcimboldeschi, perché la novità di un'idea pittorica è sempre relativa. Ora che la "serietà" di Arcimboldi è stata dimostrata, e che si è chiarito lo spessore del dibattito estetico in cui si inserisce la sua pittura (è in gioco il problema — cruciale in quegli anni — della dignità dell'"imitazione fantastica" nell'ambito della "idea" manierista, dell'estetica del bizzarro, della variatio, che si esprime così bene nelle grottesche esaltate dal Lomazzo), occorre lasciar da parte per un poco l'idea in favore di una analisi formale, che riceverà sicuramente un grande impulso dalle ricerche in corso.

In un vero pittore (e l'Arcimboldi è tale) il primo moto ideativo è sempre di matrice formale, mai concettuale; dunque le origini delle "teste composte" vanno ricercate prima in tale ambito. Proviamo a disfarci della parte concettuale, dell'idea ingegnosa in quanto tale; cerchiamo di osservare queste teste nella loro ingegnosità formale. Così facendo ci si accorge che per spiegarne le origini fin'ora si sono fatti paragoni troppo lontani e troppo vaghi.

Certo, è interessante notare che ci sono precedenti analoghi nei cammei ellenistici, a Pompei, nei grifoni armeni del Quattrocento, nelle miniature indiane e in molti altri esempi che non è il caso di ricordare.

Ma, a parte alcune medaglie (caricature oscene dell'Aretino), siamo lontani nello spazio e nel tempo, non si può parlare di veri e propri elementi costitutivi. Anche l'accostamento alle grottesche, alle imprese, all'emblematica e alle anamorfosi è valido concettualmente ma troppo generico.

La questione è a un tempo più semplice e più complessa. Più semplice, perché non occorre andare così lontano; bisogna sondare la formazione artistica dell'Arcimboldi. Più complessa, perché è chiaro che l'artista non si è limitato a copiare un'idea, una trovata ingegnosa: l'ha fatta maturare dalla propria tradizione artistica seguendo delle strade complesse, talvolta sotterranee.

Anche se la nostra conoscenza della cultura figurativa milanese del Cinquecento è ridotta al lumicino dalla scomparsa di due terzi delle chiese e delle opere, si può tentare qualche

supposizione. Si può pensare, per esempio, che Arcimboldi abbia conosciuto una tradizione di "animalista" e pittore di "verdure" alla fiamminga, nel genere del più antico Bernazzano; tradizione che a Milano poteva essere ancora viva anche perché inserita nel ceppo leonardesco di analisi della natura. Arcimboldi potrebbe persino averla praticata senza disdegno, dal momento che era sicuramente impegnato in generi "minori" come il ritratto e le insegne nobiliari.

Questa ipotesi del resto è vaghissima, e non va presa alla lettera; fra le verzure nel capolavoro di Cesare da Sesto e Bernazzano (un quadro celebre, a Milano) e la *Primavera* dell'Arcimboldi c'è una specie di sintonia fiammingo-leonardesca, un'ineffabile tener unite e tener separate le cose insieme che resiste alla distanza di tempo fra i due quadri.

Un altro elemento importante — e qui siamo già su un terreno più concreto — fu la decorazione a festoni. Si diceva prima che il riferimento alle grottesche per le teste di Arcimboldi è troppo vago.

In effetti è validissimo sul piano concettuale e del gusto (basti pensare alla dignità estetica a cui le eleva il Lomazzo in quegli anni, proprio in ambiente milanese), ma poco pertinente su quello delle forme; a meno di non considerarne i festoni di foglie e frutti come una sottospecie (così sembra fare lo stesso Lomazzo), che però è ben distinta dalle candelabre e dalle "grillerie" di matrice più classica e meno rusticheggiante.

Se Arcimboldi, come è quasi certo, fu a Roma, non poté non restare colpito dai festoni di Giovanni da Udine nella Loggia di Psiche della Farnesina, splendida maturazione di un modello decorativo quattrocentesco che il milanese poteva conoscere già a partire dagli esempi del Mantegna.

Qui però Arcimboldi poteva trovare una fusione più potente degli elementi naturali. Rispetto a Crivelli o a Mantegna, c'è una concezione meno statica e ornamentale, di semplice decoro o rivestimento di una struttura: le spighe, i graspi, i fiori e le infinite verdure sembrano quasi animarsi, prendere vita, sapersi strutturare in una forma che non è ancora la testa arcimboldesca ma è già una costruzione autonoma, da sé portante e a sé saldata.

Non c'è dubbio, però, che le teste di Arcimboldi hanno qualcosa in più, o di diverso. A parte la debole traccia indicata prima, si dovrà risalire a esempi d'oltralpe che ne spieghino la straordinaria nitidezza e analiticità. E una strada di questo genere conduce di nuovo a una declinazione simbolica che ha valore relativo nella genesi formale, ma non può essere sottovalutata come componente culturale.

Colpisce, in questo senso, la preminenza che nella *Primavera* hanno fiori come l'iris (sul seno), l'aquilegia (l'orecchino) e il giglio (sulla sommità della nuca), così tipici della simbologia d'oltralpe.

Pare significativo, per esempio, che Memling avesse posto questi tre fiori proprio come retro di un ritratto (Lugano, collezione Thyssen); gli stessi che tornano nel polittico *Portinari* di van der Goes (Firenze, Uffizi) oppure, per citare un esempio coevo all'Arcimboldi, nei vasi di Ludger Tom Ring il giovane datati 1562 (Münster, Westfälischer Kunstverein).

Anche l'analisi formale spinge verso il Nord, a ipotizzare una forte componente fiamminga nella Milano del pieno Cinquecento. Nel caso di Arcimboldi è un episodio ancora da studiare, ma il peso di quella componente si può ricavare indirettamente dallo smaccato fiamminghismo del Lomazzo e del Figino, le due personalità di maggior spicco tra quelle rimaste in patria.

Nel nostro caso, però, si dovrà capire soprattutto per quali strade sia proseguito, nel corso del secolo, il contatto fra l'enume-

Giuseppe Arcimboldi,
La Primavera.
Madrid, Real Academia
de Bellas Artes
de San Fernando.

· LVDOVICVS · MEDIOL · DVX ·
· MEDIOL · DVCATVS · TITVLVM · IVSQVE ·
· QVOD · MORTVO · DVCE · PHILIPPO · AVO ·
· IN · GENTE · SFORTIANA · OBITENERE ·
· NON · POTVERAT · AB · DIVO · MAX · RO ·
· REGE · IMPERATOREQVE ·
· MAGNIS · CVMVLATVS ·
· HONORIBVS · ACCEPIT ·
· AN · SAL · LXXXXV ·
· SVPRA · MCCCC ·

In alto a sinistra e nella pagina a fianco: Leonardo da Vinci, due particolari della decorazione pittorica della Sala delle Asse (1495-1498). Milano, Castello Sforzesco.

Qui sopra: Raffaello e aiuti, particolare della decorazione a ghirlande della volta della Loggia di Psiche (1517-1518). Roma, Villa della Farnesina.

razione nordica e l'afflato leonardesco, quella dialettica fra dipingere "distinto" e "unito" che in fondo è già così sofferta in Leonardo e che nel *Battesimo* di Cesare da Sesto finisce per risolversi in una spartizione secca fra "natura" e figure. Nell'Arcimboldi, passato attraverso la visione unificante della grande maniera italiana, quella dialettica si mantiene su un equilibrio più saldo e più maturo. E proprio in questo dilemma squisitamente stilistico — che nel pittore milanese diventa il fulcro di un virtuosismo consapevole, tradotto anche sul piano mentale — sta il vero, profondo legame fra la scelta formale e l'idea compositiva. Unire e separare assieme: è la "discors concordia" del tardo manierismo, così chiara nella lettura simbolica delle "teste composte", ma anche così carica di significato estetico per un pittore che si muove sul crinale delicatissimo che precede di poco il Caravaggio e la definizione della natura morta come genere autonomo.

Letta in questa chiave più ampia, la dialettica arcimboldesca fra la "parte" (gli oggetti, i fiori, le piante) e il "tutto" (le teste, i ritratti), fra le infinite forme della natura e la necessità di una loro interpretazione unitaria, affonda le sue radici in un terreno di sperimentazione che non è soltanto concettuale, ma di appropriazione totalizzante di nuovi aspetti del visibile. È l'utopia del manierismo nella sua fase estrema, che a Milano si sente quasi esplodere nelle opere scritte del Lomazzo; il quale, del resto, ne vedeva molto bene le matrici leonardesche.

Se a Milano era stato Leonardo a impostare il problema, è quasi inevitabile pensare che Arcimboldi, nella sua indagine libera e ricchissima del mondo naturale, sia partito proprio da qui.

Lo storico dell'arte Adolfo Venturi aveva ragione a insistere su questo punto, anche se il rapporto fra Leonardo e Arcimboldi non si può limitare all'elemento grottesco delle caricature. C'è molto di più: non soltanto la traduzione in termini tipicamente manieristi — il "calembour" visivo e concettuale — di una tensione formale fra analisi e sintesi che in Leonardo segna anche il passaggio irrequieto alla "maniera moderna", ma soprattutto la ripresa di un filo molto preciso, l'ambiguità della metamorfosi, che un manierista come Arcimboldi non poteva non afferrare.

I manieristi utilizzavano i fondatori dell'arte "moderna" come modelli canonici, ed è probabile che le esplorazioni leonar-

desche nei territori più ambigui delle forme siano state una specie di vangelo nella Milano di quegli anni; un po' come i nudi michelangioleschi per Figino. I disegni di Leonardo erano bene accessibili, come testimonia il Lomazzo; è del tutto verosimile, quindi, che Arcimboldi li abbia conosciuti e che li abbia tenuti a mente nell'ideazione delle sue famose teste.

L'*Inverno* richiama l'arcigno delle caricature di Leonardo, che sono quasi sempre di profilo; l'intreccio di rami che si piega a un'improbabile capigliatura è nipote di quello che si piega a ornamento nella Sala delle Asse e, se ci fosse rimasto qualcosa di più dei tronchi dipinti sulle pareti, il confronto sarebbe stato sorprendente.

Gli animali danno indicazioni più stringenti. Osservando la *Terra*, è difficile non pensare che Arcimboldi abbia meditato su certi fogli leonardeschi, come gli studi sul gatto, sul cane, sul cavallo e su altri animali, conservati a Windsor. In particolare, il bue che forma il collo della Terra riprende, rovesciandola, la bellissima torsione di un cavallo di Leonardo (Windsor, disegno n. 12331). Anche la pelle di leone rivela in modo chiaro la suggestione di una testa leonina di Windsor (disegno n. 12376), col suo moto slabbrato e cadente.

Ma il terreno su cui le metamorfosi dei due pittori si incontrano veramente è quello anatomico, che per Arcimboldi deve essere stato importante almeno quanto quello, tipicamente milanese, degli scorci prospettici. Le "teste composte" vanno viste anche in questo modo, come discrete parafrasi anatomiche; e su questo piano la metamorfosi si vena di un'ironia agghiacciante.

Anche in questo caso la scintilla, l'idea già quasi suggerita è in Leonardo, nelle sue teste di vecchi dove sembra già avviata la metamorfosi, l'indurimento dei tendini e delle pieghe della pelle (per esempio, disegni a Parigi, Louvre, o a Bayonne, Museo Bonnat).

Lo stupefacente collo dell'*Inverno* è quasi inspiegabile senza certi muscoli già legnificati come quelli, fra i tanti, dello studio per il probabile Giuda del *Cenacolo* (Windsor, disegno n. 12547), e quello del *Fuoco* si può accostare in modo sorprendente a un altro disegno windsoriano (n. 12609), che può avere offerto persino lo spunto iniziale: la trachea segmentata ora è il piedistallo di una lampada a olio e il muscolo sternocleidomastoideo, ben visibile anche nell'*Estate*, ha preso la forma di una torcia.

Lo stesso procedimento anatomico, avviato da Leonardo, coincide in qualche modo con quello arcimboldesco, in quanto scomposizione e aggregazione visuale del corpo umano nei suoi elementi.

Ma ora è l'intero microcosmo che diventa struttura anatomica dell'universo e assistiamo al trionfo finale di un'immensa ricognizione del mondo, umano e naturale, che Arcimboldi ha cercato di riassumere in modo globale e coerente per l'ultima volta, prima che la scienza nuova e la cultura barocca ne distruggessero le basi cosmologiche.

È questo il lato drammatico di un'epoca al tramonto, la tensione che esprimono i suoi dipinti: afferrare il molteplice che sfugge, racchiuderlo nell'Uno che si frantuma, illudersi che un supremo gioco dell'intelletto possa dare un ordine, compensare l'inconcepibile disarmonia di un mondo troppo concreto e troppo vario che ormai preme, incontenibile, e reclama la propria autonomia. Solo il titanismo di questo sforzo, racchiuso in piccoli quadri destinati alle raccolte d'arte e di meraviglie — ultime enciclopedie viventi del Medioevo — può far intendere una stratificazione così stupefacente di significati e, per contro, una ricchezza così inesauribile di possibili letture.

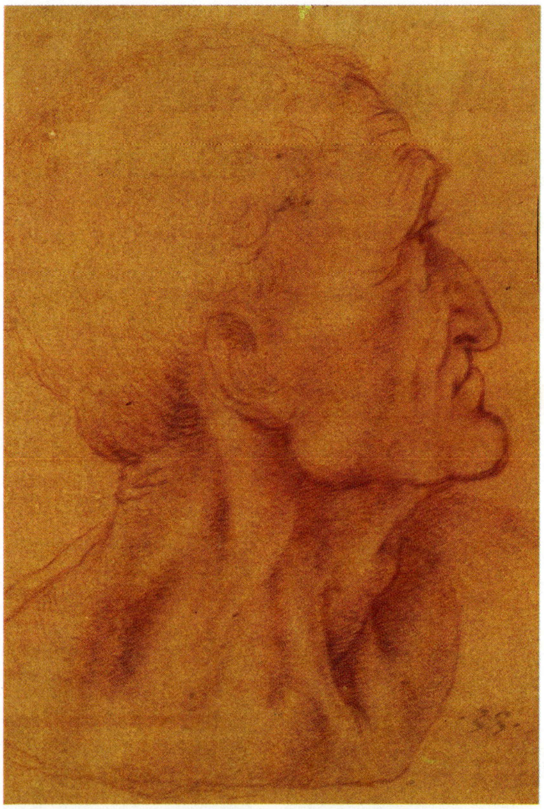

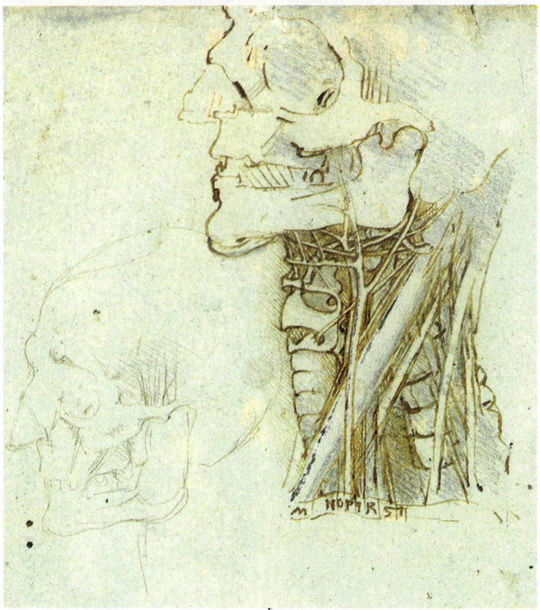

Nella pagina a fianco:
Giuseppe Arcimboldi, *L'inverno* (1563). Vienna, Kunsthistorisches Museum.

Dall'alto:
Leonardo da Vinci, *Studio per la testa di un apostolo*. Windsor Castle, Royal Library. Disegno preparatorio per il Giuda del *Cenacolo* di Santa Maria delle Grazie a Milano.
Leonardo da Vinci, *Studio anatomico*. Windsor Castle, Royal Library.

Le fonti dell'Arcimboldi e il verde sogno di Polifilo

Maurizio Calvesi

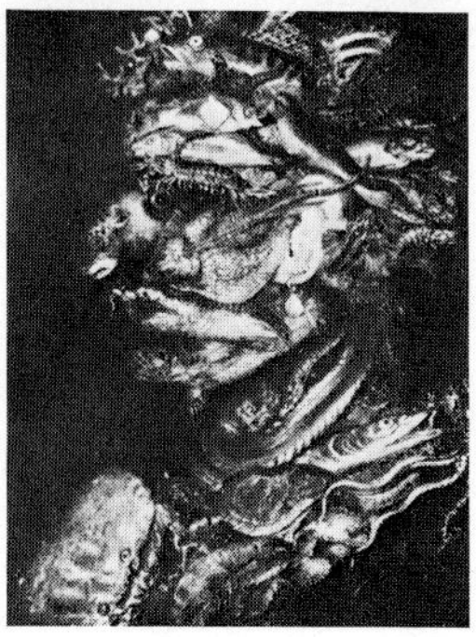

TESTE MONTATE SU un paio di gambe, facce doppie e triple, riunite a grappoli su membra animali, umane o assimilate a forme vegetali; quadrupedi a due zampe; tralci da cui spuntano volti; combinazioni tra parti del corpo di bestie diverse, o di bestie e persone; demoni, genietti, gnomi, "grilli", draghi, chimere, ippogrifi: l'arte antica e quella medievale rigurgitano di simili invenzioni mostruose, che si protraggono fino all'età del Rinascimento, con Hieronymus Bosch e con la stessa invenzione delle "grottesche".

La pittura di Bosch è infatti contemporanea alla nascita di questo genere di ornati, che fu ispirato alla fine del Quattrocento dalla riscoperta della *Domus Aurea* di Nerone (resa simile, dall'interramento, a una grotta) e delle sue decorazioni murali.

Tuttavia si tratta di due fenomeni diversi: Bosch, che opera nelle Fiandre, è l'ultima voce di una tradizione ancora radicata nel Medioevo, dominata dal mostruoso di segno infernale o dall'immaginazione ctonia (le oscure e prolifiche pulsioni della terra). Le "grottesche" rappresentano invece la riduzione del mostruoso a motivo piacevole e puramente ornamentale, svuotato di ogni virulenza. Ciò avviene in Italia, dove il fiorente umanesimo ha ridisegnato limpidamente l'immagine dell'uomo come attivo protagonista e signore del mondo, consapevole della propria autonomia e unicità tra le creature del globo, incline a una scienza razionale. E se la scienza è ancora intrisa di magia, questa ha però cessato d'interpretare un sentimento di indifferenziata comunione con le forze anche maligne della natura; è la magia di Ermete, la magia dell'intelligenza che aspira a dominare l'universo attraverso la conoscenza e il controllo dei suoi elementi.

Le rappresentazioni fantastiche del demoniaco, così floride nell'età romanica e gotica, vengono sconsigliate nei testi della Controriforma; si raccomanda di raffigurare il demonio come descritto dai Santi Padri, senza eccesso d'immaginazione e di effetti terrifici, ma secondo un più normale modello antropomorfico, essendo i diavoli nient'altro che "angeli degenerati".

L'immaginario barocco poi, ben diversamente da quello medievale e ancora di Bosch, sarà tutto e soltanto in chiave paradisiaca. Le sue gratificanti visioni annunciano la felicità del cuore, della mente e dei sensi purificati, per chi sia disposto a

Nella pagina a fianco: schema di confronto tra le due serie dei *Quattro elementi* e delle *Quattro stagioni*. Dall'alto in basso: *Aria-Primavera*; *Estate-Fuoco*; *Terra-Autunno*; *Inverno-Acqua*.

Qui sopra: Giuseppe Arcimboldi, *L'autunno* (1573). Parigi, Louvre.

In alto:
Raffaello e aiuti, *Grottesche*, particolare dalla XIII campata delle Logge di Raffaello (1517-1518). Roma, Palazzi Vaticani.

Sopra:
Hieronymus Bosch, particolare del pannello centrale del *Trittico delle tentazioni di Sant'Antonio* (l'intero è riprodotto a pag. 15). Lisbona, Museu Nacional de Arte Antiga.
L'albero cavo è immagine archetipica della fertilità materna o dell'"athanor" alchemico a cui potrebbe alludere questa immagine di Bosch.

seguire i dettami razionali della fede, dell'obbedienza, dell'organizzazione sociale, del lavoro. È questa la logica che genera l'istituzione dell'internamento per i posseduti dal demonio ovvero per i folli, accanto ai malati, ai libertini, alle streghe, agli adepti delle magie nere.

All'internamento in apposite case di reclusione prelude già la pratica quattro-cinquecentesca di raccogliere i matti su un'imbarcazione e lasciarli vagare lungo i fiumi: pratica reale almeno in qualche caso, anche se amplificata dalla letteratura. La follia è allontanata, ma anche studiata nelle sue forme somatiche, oggettivata in analisi parascientifiche.

Già poi nel corso del Cinquecento, lo sviluppo della scienza aveva alimentato l'interesse per gli aspetti più "curiosi" della natura, del regno minerale, vegetale, animale. È allora che rarità di ogni genere cominciano a essere raccolte nelle "Wunderkammern", o camere delle meraviglie, assieme ai macchinari ingegnosi escogitati dall'uomo, congegni a loro volta "curiosi" ("curiositas", in latino, significa desiderio di sapere) e mirabili, degni di ammirazione. Tutto ciò che è strano e singolare non è più visto come una manifestazione allarmante e terrifica del "mostruoso"; viene invece inquadrato nella categoria del "portentoso" e del "meraviglioso". Mentre il mostruoso medievale è inverosimile e innaturale, il "portentoso" è pur sempre un fenomeno di natura, che va studiato.

Gli stessi mostri descritti da un naturalista come Ulisse Aldrovandi sono fenomeni di natura, effetto di malformazioni umane o animali che ci si propone di documentare e di analizzare.

Anche le favolose teste dell'Arcimboldi appartengono al regno del "meraviglioso": sono immaginarie, ma tutt'altro che inquietanti; sono creazioni dell'arte e non oggetti di scienza, ma rispondono comunque a una logica ingegnosa, rivelano l'"acutezza" della mente che le ha concepite; costruiscono allegorie, basate sul rapporto di analogia ma anche di dominio tra l'uomo e la natura; alludono alla potestà dell'imperatore-Vertunno sull'universo simboleggiato dagli elementi e dalle stagioni, all'abbondanza prodotta dal suo buon governo, e disegnano un complicato e ottimistico sistema di corrispondenze.

Talvolta gli oggetti che compongono teste o figure sono veri e propri attributi professionali o sociali, e su questo aspetto insisteranno particolarmente i seguaci anche sei e settecenteschi dell'Arcimboldi: l'*Ortolano*, fatto di frutta e verdure, il *Bibliofilo*, rappresentato attraverso un incastro di libri, o ancora l'uomo sposato che è costruito con i cestelli, i bricchi, gli scopetti, il mantice del focolare, tutti sono identificati nella loro condizione lavorativa o familiare, con un'esagerazione caricaturale che ironizza appena, e bonariamente, su quella che noi chiameremmo la "deformazione professionale".

Solo accentuando la velenosità delle "deformazioni", denunciandone il carattere alienante in un'immagine dell'uomo asservito alla meccanica produttiva, questo tipo di rappresentazione potrà sfociare nella sconsolante disumanità del manichino dechirichiano.

Ma prima dovrà essere entrata in crisi l'equazione lavoro-virtù e aver fatto la sua apparizione, nel pensiero del XIX secolo, il concetto di alienazione. L'uomo-manichino di De Chirico è, in negativo, l'uomo meccanico dei futuristi, ridotto all'assurda geometria delle macchine, come l'*Ortolano* di Arcimboldi era "ridotto" alla frutta o il *Bibliofilo* ai libri. Ma, mentre per De Chirico questa riduzione equivarrà a un assurdo svuotamento, in un mondo pre (o proto) industriale l'allusione al lavoro non può che suonare rassicurante. Le fatiche dell'uomo emulano la sapiente e generosa produttività della natura. Ordine sociale e abbondanza ne sono la ricompensa.

Il vuoto, per l'uomo premoderno, è ancora e soltanto quello della morte, morte dell'anima che può essere provocata dal peccato. E il ligio al sistema, il "vero cristiano", sa che la morte (il peccato) entra attraverso le finestre dei sensi (occhi, bocca, orecchi). In un testo del padre Jean David (*Veridicus Christianus*, Anversa 1601) il volto dell'uomo è raffigurato come una casa le cui aperture si possono e si debbono serrare: solo alla nostra sensibilità attuale questa immagine può apparire aberrante, allo stesso titolo delle case di reclusione dei dissoluti e dei folli, di cui rappresenta l'esatto rovescio. La testa è sostituita alla casa secondo il procedimento dell'Arcimboldi, e mostra come questo efficace metodo di connotazione fosse congeniale a una finalità quasi didatticamente allegorica.

Nell'Arcimboldi, che è pittore al servizio di una committenza laica e di corte, l'allegoria morale è assente, ma è presente quella celebrativa dell'universale e benefico, produttivo dominio dei potenti.

L'intento allegorico si appoggia a una visione prosperosa e positiva della natura, madre generosa, portatrice di energie e influenze benigne. Questa visione è propria del Rinascimento e ne può essere un emblema, nelle Logge di Raffaello, l'immagine classica della Artemide Efesia, dalle molte mammelle e dal corpo concluso da un assemblaggio di animali, con fantasia che precorre proprio l'Arcimboldi. La cultura del Manierismo, cui il nostro artista appartiene, è in effetti un prolungamento di quella del Rinascimento, benché sottratta ai suoi fermi ideali di armonia e votata non più all'equilibrio ma, per così dire, all'equilibrismo; non più al culto del bello, ma del sorprendente e, appunto, del meraviglioso, attratta non più dalla fissità platonica di un divino modello, ma da una dinamica curiosità per il nuovo e l'ignoto.

Non c'è opera che meglio dell'*Hypnerotomachia Poliphili* (*Battaglia d'amore in sogno di Polifilo*) si presti ad analizzare, riunite in un unico testo, quelle componenti della cultura rinascimentale e quel rigoglioso gusto che concorreranno a formare le invenzioni dell'Arcimboldi. L'*Hypnerotomachia*, pubblicata a Venezia allo scadere del XV secolo (dicembre 1499), fu composta da un religioso, Francesco Colonna signore di Palestrina, che era però un esponente tra i più radicali del pensiero epicureo e neopagano dell'epoca di Alessandro VI. Vi domina, con il fanatismo dell'antichità, un sacrale e quasi prepotente sentimento della natura, un autentico culto dei suoi benefici influssi, che consentono all'individuo di rigenerarsi e tornare ad attingere la pienezza delle origini. A un simile ideale di naturalità non corrisponde tuttavia una naturalezza del linguaggio e dell'espressione; al contrario, un'artificiosa struttura di vocaboli arcaizzanti e preziosi, di allegorie e di congegni simbolici. Al recupero di una condizione di natura, si vuol pervenire attraverso il più lambiccato esercizio della cultura; il possesso della natura si esercita attraverso la Sapienza; l'"origine", cui ci si vuole ricongiungere, non è lo stato selvaggio ma la civiltà classica, l'Antico, in uno con la leggendaria visione della natura propria di Ovidio e di Lucrezio. Questa "origine" è poi, al tempo stesso, quella genealogica della famiglia Colonna, che si riteneva discendente di Venere (progenitrice di Giulio Cesare attraverso Enea e la "gens Julia"). Come poi nell'Arcimboldi, sentimento della natura, allegorismo concettoso e celebrazione dei destini imperiali si fondono.

Il repertorio vegetale e animale dell'Arcimboldi è alla base dei suoi pochi ma scelti soggetti "naturali": i quattro elementi, le quattro stagioni, Vertunno, Flora, l'"Ortolano". E inoltre il dio Giano, ritratto in un dipinto che è purtroppo perduto.

In alto:
Sirena bifida, dall'edizione francese (1554) dell'*Hypnerotomachia Poliphili*.

Sopra:
Théodore Galle, *La morte entra dagli occhi, finestre dell'anima*, incisione da Jean David, *Veridicus Christianus* (1601).

Sono temi che troviamo tutti raggruppati in una manciata di pagine del *Sogno di Polifilo*, anche se non sono affatto esclusivi di questo testo. Ma in questo testo sono trattati nella forma più esemplare, ai fini della nostra ricognizione.

Leggere brani del *Sogno di Polifilo* (brani che gireremo in corsivo, per individuarli più prontamente) richiede un piccolo sforzo di decifrazione, ma è divertente. Nulla meglio di questa lettura può illuminarci sulla intrigante ed ermetica dottrina, sui gusti, i miti e le anacronistiche utopie degli umanisti.

L'apparizione di Vertunno avviene nelle radure di un bosco dagli «*spatii quadrati, circumsepti de limiti de strate late* (delimitati da strade larghe), *recte, quadrivie, alte uno passo, di cynacanthe* (sorta di uva) *o vero di uva senticosa* (spinosa) *et de chamaeiuniperi* (ginepri) *et densissimamente collegati a llibella murale* (pareti livellate) *di coaequatissimi buxi* (alberi ben pareggiati di bosso) *includendo le quadrature degli floribondi et madenti* (traboccanti) *prati*». In questi spazi sono «*symmetriatamente compiantate le victrice palme sublime, cum gli foecundi racemi di pendenti dactyli* (datteri) *tali nigri, alcuni phoenicei* (color della fenice), *molti gialli (...) alternati cum verdissimi citri et narancii* (alberi di limone e arancio), *hippomelides* (di sorbo), *pistacii, mali granati, meli cotoni, dendromyrti et da mespili* (nespoli) *et sorbi et de molt'altri nobili et di foecunditate ornatissimi fruteti*».

Tra queste originali architetture formate dalla vegetazione, spuntano ninfe «*cincte di molle et torqueabile fronde l'agile corpuscolo et sopra gli ampli fronti le resultante come* (chiome)» e «*fauni della inane* (vuota) *canna coronati et de la medulosa* (midollosa) *ferula* (canna d'India) *et cum acuto pino praecincti* (...) *fora venuti de questo amoeno et venerando temeno* (recinto), *cum più tenelle* (tenere), *virente* (verdi) *et novelle fronde, che non eviruisse tale penso el nemore di Feronia dea* (che così non verdeggiava, penso, il bosco della dea Feronia)».

Si crea una simbiosi tra il bosco e i suoi abitanti: alcuni vestiti «*de fogliace bardana* (termine botanico), *alcuni de psilopato* (psillio) *et de colocasia* (fava d'Egitto) *de mixe* (banani) *et del maiore farfugio* (termine botanico ripreso da Plinio) *et de altre fronde cum gli varii fiori et fructi sopra la nuda carne, cum coturni* (calzari) *de foglie de oxalyde* (termine botanico ripreso da Plinio) *et cum fiori instrophiati* (incoronati)».

Tra loro, ecco su un carro trionfale il «*floreo Vertunno, stricto nella fronte de purpurante et meline* (color cotogno) *rose, cum el gremio* (grembo) *pieno de odoriferi et spectatissimi* (bellissimi) *fiori amanti la stagione del lanoso ariete* (la primavera)»; ed ecco al fianco «*la sua amata et bellissima moglie Pomona coronata de fructi* (...) *nelle mane tenente una stipata copia* (cornucopia) *de fiori et maturati fructi cum immixta fogliatura* (misti a foglie)».

Pomona, dea dei frutti, è l'equivalente di Flora, dea dei fiori, e Vertunno e Pomona celebrano «*le florealee feste*», ovvero le feste "florali", che si tenevano a Roma in onore di Flora. Questa è comunque presente davanti al carro di Vertunno e Pomona, con il compagno Zefiro: «*Et Zephiro cum la sua amata Chlori* (Flora, appunto), *alla quale lui gli haveva degli belli fiori la potestate conceduta*».

Legato allo stesso carro trionfale ecco infine il vecchio Giano: «*drieto a questo glorioso triumpho, conducevano cum antiqua et silvatica cerimonia illaqueato el seniculo Jano de reste et trece intorte de multiplici fiori* (avvinto con festoni e trecce di fiori)».

Davanti a Vertunno e Pomona sorge un'ara, che reca sui quattro lati le allegorie delle quattro stagioni. Subito prima il Colonna aveva tratteggiato quelle dei quattro elementi: la terra, l'acqua, l'aria e il fuoco come trionfi di Europa e del suo toro, di Leda e del suo cigno, di Danae investita dal cielo da una pioggia d'oro e di Semele consunta dalla fiamma di Giove. Ora, con il trionfo di Vertunno e Pomona, vengono presentate le stagioni. La

Nella pagina a fianco: Giuseppe Arcimboldi, *Albero di Jesse*. Monza, Duomo. **Recenti scoperte d'archivio (di Robert Miller) consentono di attribuire all'Arcimboldi alcuni affreschi nel Duomo di Monza, tra cui questo, che occupa un'intera parete nel transetto di destra. La Croce è vista come un albero alla cui base è Adamo, mentre sui rami siedono i re di Giudea. L'affresco risulta particolarmente importante per l'ambientazione dell'artista nella cultura lombarda dell'epoca, tra Giuseppe Meda e Bernardino Campi.**

dal Mazzoni in Palazzo Spada a Roma, poco dopo la metà del Cinquecento. È un'allegoria della Terra ispirata al Lazio primitivo, quella boscosa valle del Tevere che, come dice Virgilio nell'ottavo libro dell'*Eneide*, «indigenae Fauni Nymphaeque tenebant gensque virum truncis et duro robore nata»: gente nata dai tronchi degli alberi e dalla dura quercia, a cui gli dei dovettero insegnare a servirsi dell'aratro e dei buoi.

La cosiddetta *Laura* di Giorgione è una ermetica variazione sul tema di Dafne tramutata in alloro, forse come allegoria della poesia. Ma Giorgione, nei *Tre Filosofi*, disegnò anche una roccia che nascondé un profilo antropomorfo, una specie di Sfinge: il "filosofo della natura" la interroga con i suoi strumenti.

Nella *Primavera* del Botticelli si vedono figure inondate di fiori e di frutta; toccata da Zefiro, Flora emette dalla bocca un ramoscello di rose; la figura accanto, e forse quella stessa di Venere, dea del prolifico amore, sono come il suo doppio.

Anche i favolosi giardini del *Sogno di Polifilo*, dove le piante sono tagliate e composte a formare immagini architettoniche, umane o animali, non sono un'invenzione del Colonna: egli enfatizza e amplifica con l'immaginazione un artificio che doveva essere abbastanza comune nei giardini del Rinascimento. L'Arcimboldi ne conobbe sicuramente qualche esempio.

Infine, le meraviglie dei banchetti. Quello rievocato da Francesco Colonna è forse il più celebre, ma non certo il solo. I trofei di frutta e le composizioni di vivande che venivano allestiti in queste sontuose o allegre occasioni furono un altro modello per l'Arcimboldi. Basti la descrizione del Vasari, nella vita di Giovan Francesco Rùstici, scultore e architetto fiorentino morto nel 1554. Nella sua casa, le portate erano servite da «un albero con molti rami» (che ricordano quelli dell'«*insolente arbuscolo*» descritto dal Colonna); l'albero era azionato da un congegno e saliva e scendeva. Fu escogitata «una caldaia fatta di pasticcio, dentro alla quale Ulisse tuffava il padre per farlo ringiovanire; le quali due figure erano capponi lessi che avevano forma d'uomini». Gli autori di queste trovate erano artisti e pittori. Domenico Puligo «d'una porchetta cotta fece una fante con la rocca da filare allato, la quale guardava una covata di pulcini». Andrea del Sarto «presentò un tempio a otto facce (...): il pavimento era un grandissimo piatto di gelatina con spartimenti di vari colori di musaico; le colonne, che parevano di porfido, erano grandi e grossi salsicciotti; le base e i capitegli erano di cacio parmigiano; i cornicioni di paste di zuccheri, e la tribuna era di quarti di marzapane. Nel mezzo era posto un leggìo da coro, fatto di vitella fredda con un libro di lasagne che aveva le lettere e le note da cantare di granella di pepe».

Questa lunga serie di precedenti spiega che l'invenzione dell'Arcimboldi fu tutt'altro che rivoluzionaria o trasgressiva. Ciò che caratterizza originalmente l'artista è piuttosto la ben congegnata soluzione formale che sembra debitrice a Leonardo, con una componente d'analisi fiamminga: quel saper tenere unite e, insieme, distinte le varie parti, descritte e ricucite dallo stesso segno minuto e vibrante, quasi fossero le parti di una "macchina" ingegnosamente montata (leonardesca, appunto) o di un robot sia pure vegetale.

Mi Formò in monte & mi ritrasse in Carte,
Natura à caso l'Arcimboldo ad arte.

A sinistra:
illustrazione dall'*Hypnerotomachia Poliphili* (ed. 1554).

Nella pagina a fianco:
Giorgione (1477 ca.-1510), *I tre filosofi* (1508 ca.), particolare. Vienna, Kunsthistorisches Museum.

In alto:
Giorgione, *Laura* (1506). Vienna, Kunsthistorisches Museum.

Sopra:
Hans Meyer, *Mi formò in monte e mi ritrasse in carte*, incisione secentesca da Giuseppe Arcimboldi. Windsor Castle, Royal Library.

Dopo l'Arcimboldi: metamorfosi della psiche nell'arte moderna

Ester Coen

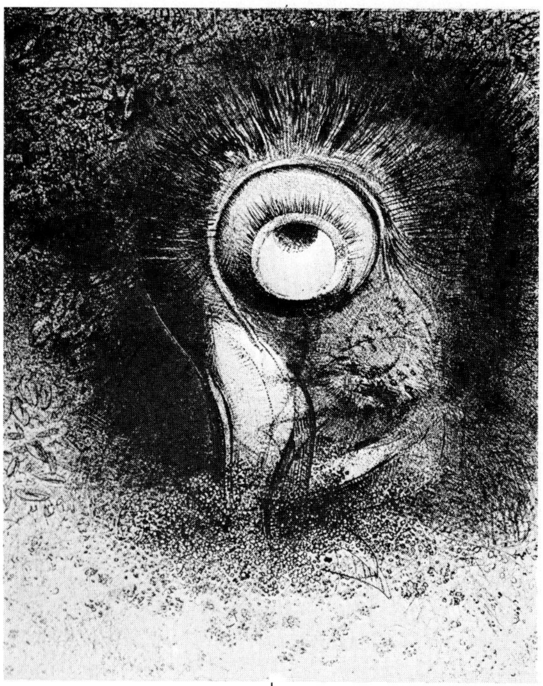

Sopra:
Odilon Redon (1840-1916), *Ci fu forse una prima visione tentata nel fiore* (1883), litografia dalla serie *Le origini II.*

Nella pagina a fianco:
Odilon Redon, *L'occhio come uno strano pallone si dirige verso l'infinito* (1882), litografia dalla serie *A Edgar Allan Poe.*

POCHI ANNI DOPO LA pubblicazione dell'opera di Darwin *Sull'origine della specie*, in Francia un artista di nome Odilon Redon elaborava delle immagini il cui itinerario morfologico e il cui linguaggio affondavano in profondità abissali che superavano il semplice aspetto della natura.

Nel suo libro, pubblicato nel 1859, Darwin affermava che le forme animali e vegetali esistenti sulla terra derivavano, attraverso lente trasformazioni, da forme primitive più semplici e che la loro sopravvivenza era dovuta all'essere dotati di caratteri più forti e più adatti alla lotta per l'esistenza. Redon, attraverso una introspezione sulla natura, che si avvicina al metodo scientifico che si andava sviluppando in quegli anni, genera immagini e fantasie organiche le cui intuizioni sono fortemente legate alla realtà. Redon, il cui mondo e le cui amicizie ruotano nell'ambito del simbolismo francese, cerca di «far vivere in modo umano degli esseri inverosimili secondo le leggi del verosimile, ponendo, per quanto possibile, la logica del visibile al servizio dell'invisibile».

Joris-Karl Huysmans, simbolista veggente e ricco prosatore dalle sorprendenti visioni — basti citare *A rebours*, bibbia della poetica mistica dell'epoca —, vede in Redon un occulto scrutatore degli elementi naturali, un attento lettore dei fenomeni impercettibili e corpuscolari.

All'interpretazione di Huysmans, ancora legata inesorabilmente alla sua formazione realista, Redon così risponde: «È la natura (...) che ci impone di obbedire ai doni che ci ha dato. I miei mi hanno spinto al sogno: ho subìto i tormenti dell'immaginazione e le sorprese che essa mi dava sotto la matita; ma queste sorprese io le ho condotte e guidate seguendo delle leggi di organismo artistico che io conosco, che io sento, con il solo scopo di ottenere nello spettatore, con un improvviso allettamento, ogni possibile evocazione, per quanto nata dall'incerto, sui confini del pensiero. (...) Contrariamente alle insinuazioni di Huysmans queste immagini non sono in nulla debitrici a quel mondo terrifico dell'infinitamente piccolo rivelato dalle analisi al microscopio. Niente affatto. Nel crearle ho preso la più grande cura di organizzare la loro struttura».

ODILON REDON

Odilon Redon,
Il fiore della palude, una testa umana e triste (1885), litografia della serie *Omaggio a Goya*.

L'arte di Redon prende spunto dal mondo visibile seguendo scrupolosamente le regole della natura. Con uno scatto quasi impercettibile scivola dal verosimile all'inverosimile, da un mondo naturale a uno mentale.

Così affermando, l'artista nega qualsiasi approccio casuale e rafforza il sentimento di una voluta e stringente logica formale. «Niente è perduto di uno studio: credo di dover molto, come pittore, agli studi che ho fatto, come aspirante architetto, delle proiezioni delle ombre che un illuminato professore mi fece fare, con meticolosa attenzione, appoggiando l'astrazione della teoria e delle dimostrazioni su corpi tangibili, e proponendomi, nei problemi da risolvere, casi speciali di ombre proiettate su sfere e altri solidi. Ciò mi è servito più tardi: ho più facilmente ravvicinato l'inverosimile al verosimile e ho potuto dare una logica visuale agli elementi immaginari che intravvedevo».

Fin dalle prime opere Redon fa uso di tecniche che, proprio per il forzato contrasto di bianchi e neri — il carboncino, l'acquaforte, la puntasecca —, fanno ancor più risaltare l'incredibile mondo visionario dell'artista. E sarà proprio nelle litografie di *Dans le rêve* (1879) e di *A Edgar Poe* (1882) che l'immagine di Redon verrà isolata dallo sfondo nero e ingigantita fino a galleggiare in un raccapricciante mistero di tenebre.

Una enorme testa di gnomo dalle orecchie simili ad ali di pipistrello o a foglie bizzarre sfida un cielo che in apparenza non oppone resistenza; due esseri sbigottiti assistono in una ordinata ma gigantesca costruzione architettonica all'apparizione di una visione: un enorme globo oculare che effonde luce nel vuoto di un intercolumnio; un omino detto "il giocatore" trasporta faticosamente un iperbolico dado in mezzo a una strada affiancata da grandi alberi spogli. Più viene ricercato il confine, il contatto con la realtà, più la realtà si allontana e fugge la sua empirica costrizione.

«Credo di aver dato, un tempo più che adesso», scrive nel 1911 Redon, «nei miei disegni e litografie, espressioni umane e varie; le ho anche, con libera fantasia, portate nel mondo dell'inverosimile, in esseri immaginari che ho cercato di rendere logici con la logica della struttura degli esseri visibili». Questi mostri dalle combinazioni più eccentriche e grottesche devono rispondere a una logica che a loro non appartiene, quella logica della verosimiglianza secondo la quale la riconoscibilità non contrarierebbe la loro esistenza.

Si tratta di un'arte "suggestiva", come la definisce lo stesso artista, un'arte derivata e elaborata intorno a «una combinazione di vari elementi ravvicinati, di forme trasposte o trasformate, senza alcun rapporto con ciò che è contingente, ma con una sua logica». Non bisogna mai avere il senso della certezza, è necessario «essere sempre nell'equivoco, nel dubbio, aspetto triplice, aspetti di apparenze (immagini in immagini), forme che saranno, o che lo saranno a seconda dello stato d'animo dell'osservatore. Cose tutte più che suggestive, poiché appaiono. Ma questo senso applicato alla pittura richiede nell'artista un tatto, una misura più che mai infinita e il pubblico non lo sospetta neppure. È un'arte che, più di ogni altra, esige un artista cosciente in ogni minuto della sua gestazione». L'artista insonne controlla ogni singolo momento della sua creazione, il magico fascino dell'incontro sul foglio di opposte risonanze, l'improvviso apparire di "sorprese" e l'accumulo di frammenti ordinati. Un mondo sinistro che pullula della «coscienza del caos» e sorge «dalla materia, per regolare le forme». Un mondo di fantastiche allucinazioni che conquista il poeta Mallarmé, il quale non può sfuggire al fascino di un'opera così profondamente radicata nel mistero. «Non ho mai visto un disegno che sappia comunicare tanta paura intellettuale e spaventosa simpatia» scrive Mallarmé a Redon, dopo aver ricevuto le sei litografie di *Hommage à Goya*. Tra queste illustrazioni la più famosa rappresenta un desolato fiore notturno dal volto umano che sboccia da un lungo stelo ondulato: «La

Giorgio De Chirico (1888-1978), *Prometeo* (1908).

testa di Sogno, questo fiore di palude, illumina di una luce che egli solo conosce, e che non sarà rivelata, tutto il tragico lampione dell'esistenza ordinaria; e che sintesi crudelmente compendiata, qui senza debolezze, ma quasi perfettamente soddisfatta dell'aspetto interiore» (lettera di Mallarmé a Redon, febbraio 1885). Il mondo di Redon sembra mutuare da Goya quegli effetti di paura, nati in circostanze politiche drammatiche come l'invasione napoleonica in Spagna e che gli ispirano i famosi *Disastri della guerra* (1801-1826). Incubi dalla morbosa sensibilità e dalla fantasia sconvolta, deformazioni di volti in atteggiamenti di inequivocabile terrore nascono da una mente che teme il buio della coscienza. «Il sonno della ragione genera mostri»; ma sono, questi, mostri da combattere, mostri terrificanti che si abbattono sul destino dell'uomo e non si possono allontanare perché discendono dal suo stesso pensiero. Quelle funeste fantasticherie diventano in Redon innocui miraggi e malinconiche illusioni di assoluto. Un assoluto mistico dalla religiosità naturale: «Per quanto mi riguarda, credo di aver fatto un'arte espressiva, suggestiva, indeterminata. L'arte suggestiva è l'irradiazione di divini elementi plastici, avvicinati, combinati, per provocare sogni che essa illumina, esalta, incitando al pensiero».

Ecco quindi apparire in maniera quasi ossessiva questa forma tonda e gigantesca, questo grande occhio che diventa un universo incombente nello spazio o leggero «come un pallone bizzarro che si dirige verso l'infinito». Organo della percezione sensibile, esso è allo stesso tempo simbolo della percezione intellettuale e, secondo la tradizione massonica, "Grande Architetto dell'Universo".

L'occhio che Claude-Nicolas Ledoux (1736-1806), architetto della rivoluzione, rappresenta in una delle sue tavole dell'*Architettura* appare come un immenso teatro. Una gigantesca scenografia all'interno del cui iride si erge, secondo una disposizione ordinata, un edificio dalle composte colonne classiche, illuminato da un fascio di luce e che sembra voler rappresentare una visione teista di un costruttore illuminista.

Insieme a Etienne Louis Boullée (1728-1799), architetto dalla monumentale visionarietà, Ledoux è da considerarsi tra i padri del surrealismo per aver voluto mescolare con tanta audacia immaginazioni fantastiche a progetti architettonici di impossibile realizzazione.

In queste opere viene compiuta una sorprendente scissione della coscienza e l'artista che ne è consapevole spesso la provoca. Il foglio, l'immagine, è il ricettacolo di pensieri fantastici, di accostamenti audaci, quasi il calco di un sogno che si propone come realtà.

Se in Redon l'agghiacciante precisione del segno produce una trasposizione più che una metamorfosi, nell'opera del giovane De Chirico, maestro di un onirismo raggelato, si può assistere a una vera e propria mutazione. Nel *Prometeo*, dipinto che appartiene alla fase romantica dell'artista e alla sua ammirazione per il profondo e intenso approccio mitico e filosofico di Arnold Böcklin, il titano è in simbiotica unione con la montagna alla quale è incatenato. Ogni giorno si rinnova questa eterna sofferenza della lacerazione alla quale Prometeo è condannato per aver violato la volontà degli dei; il furto del fuoco, donato agli uomini, viene scontato con il macabro rito dello sbranamento del fegato che ogni giorno si riforma per esser divorato dagli avvoltoi. Nella serena rappresentazione dechirichiana di una scogliera dai ripidi scoscesi, Prometeo si nasconde in alto nella sua forma umana mimetizzata in una parvenza di pietra. Il titano si confonde con l'oggetto della sua prigionia.

L'immagine del corpo giacente di Prometeo si distingue appena dalla balza di roccia, formando così un inquietante insieme tra il mondo inanimato della montagna e quello biologico rappresentato dall'eroe. De Chirico si è ispirato al mondo mitologico del pittore svizzero Arnold Böcklin. È un universo popolato da naiadi, tritoni e centauri; un'epoca che precede l'arrivo perturbatore dell'uomo.

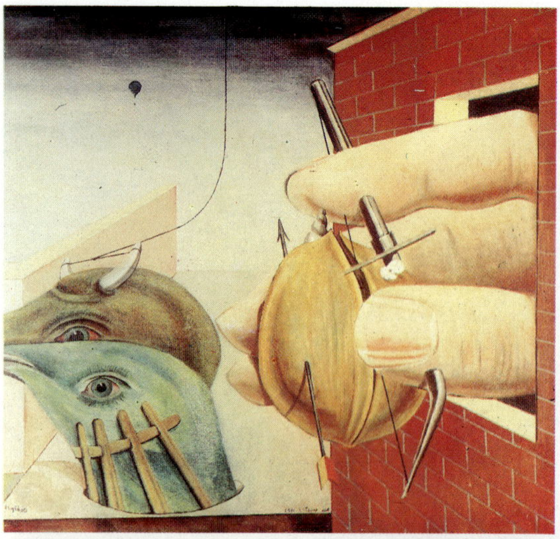

In alto:
Max Ernst (1891-1976), *Oedipus Rex* (1922).

Sopra:
Max Ernst, *Vestizione della sposa* (1939-1940). Venezia, Collezione Peggy Guggenheim.

In un altro dipinto, confusa in una scogliera, la testa della sfinge appare simile alla nota costruzione monumentale egizia. Quasi a presagire la tragedia che sta per attuarsi, la sfinge si erge nell'attesa di Edipo che risolverà gli enigmi. È questo, invece, il momento della perplessità che decreta la morte immediata del viandante che viene a interrogarla. Sulla riva, ossa e teschi danno all'immagine quel senso di morte che si accompagna alla rivelazione. Rivelazione e enigma, parole molto amate da De Chirico e che ricorrono molto spesso nelle sue pagine giovanili, sono i segni di una poetica che larga influenza avrà sui surrealisti, tra i più abili manipolatori di immagini nella storia della cultura del Novecento. Arcimboldi viene considerato come uno dei maestri ideali da Breton e dai suoi compagni e viene stimato come precursore di un mondo immaginario che deve destare meraviglia.

Se in Arcimboldi gli elementi o gli oggetti sono disposti in un ordine tale da creare la forma che si vuole rappresentare — si tratta di solito di volti — e il loro insieme forma una allegoria fantastica, nelle immagini surrealiste vengono tentate le unioni le più diverse.

Quando, nel 1924, André Breton pubblica il suo *Primo manifesto del Surrealismo*, pone come dichiarazione di poetica questa affermazione: «È dall'accostamento in qualche modo fortuito dei due termini che è sprizzata una luce particolare, "luce dell'immagine", cui ci mostriamo infinitamente sensibili.

Il valore dell'immagine dipende dalla bellezza della scintilla ottenuta; è quindi funzione della differenza di potenziale tra i due conduttori.

Quando questa differenza esiste appena, come nella similitudine, la scintilla non si produce.

Ora, non è in potere dell'uomo, credo, di concertare l'accostamento di due realtà tanto distanti. Vi si oppone il principio d'associazione delle idee, quale ci appare. (...) Non resta dunque che ammettere che i due termini dell'immagine non sono dedotti l'uno dall'altro dall'intelletto "in vista" della scintilla da produrre, che sono i prodotti simultanei di quell'attività che chiamo surrealista, mentre la ragione si limita a constatare, e a valutare il fenomeno luminoso».

La coscienza, secondo Breton, deve intervenire dopo che la creazione è stata realizzata; è l'inconscio a favorire questi incontri fortunosi di realtà diverse. Poiché il surrealismo si propone come strumento di conoscenza attraverso il quale esplorare l'inconscio, il sogno, il meraviglioso, la follia, dove nessun intervento della logica può affacciarsi, le sue immagini saranno tanto più forti e tanto più violente quanto più appariranno lontane dai postulati tradizionali. Sempre secondo la definizione di Breton, il surrealismo è l'«automatismo psichico puro col quale ci si propone di esprimere sia verbalmente sia per iscritto il funzionamento reale del pensiero, in assenza di qualsiasi controllo esercitato dalla ragione, al di fuori di ogni preoccupazione estetica o morale». E molteplici sono i sistemi surrealisti di "forzare l'ispirazione".

Max Ernst tenta di dare struttura al flusso dei suoi pensieri applicando alla pittura la tecnica del "frottage". Vecchi muri e striature di pavimento catturano la mente dell'artista, conducendola a tracciare segni e immagini che vanno al di là delle apparenze reali. Attraverso questa prassi meccanica e inizialmente casuale, Ernst insegue le linee e la grafia del suo paesaggio interiore. Il titolo della raccolta di disegni nati da questa esperienza è *Storia naturale*, che esce nel 1926.

Quando, intorno al 1929, si dedica alla tecnica del collage, come un prestigiatore che estrae il coniglio dal cappello, Max Ernst crea un bestiario di esseri mostruosi. Attraverso questa

Juan Mirò (1893-1983),
Il carnevale di Arlecchino
(1924-1925).
Buffalo (N.Y.),
The Albright-Knox
Art Gallery.

tecnica cerca di provocare effetti poetici imprevisti e sorprendenti, accostando elementi eterogenei tra loro e costruendo una storia che ha uno sviluppo senza temporalità. Uomini dalla testa di leone, donne farfalline, volti a forma di otri sono drammaticamente mescolati e riuniti da un onirismo carico di ansia. Teste di uccelli spuntano dal tavolo (*Oedipus rex*, 1922); un monumento agli uccelli si innalza nel cielo in una sinistra sacralità.

Nella *Vestizione della sposa*, un guerriero semivolatile offre la sua arma alla sposa dalla testa piumata mentre un piccolo mostriciattolo dal ventre gonfio frigna in un angolo della stanza costruita secondo una solida prospettiva. Un onirismo che troviamo anche nelle contemporanee figurazioni di Alberto Savinio, grande maestro di allucinatorie visioni.

André Masson provoca l'automatismo del pensiero attraverso una tecnica che inventa, come il suo grande amico Ernst. Dalla stratificazione di rena e colla, ottenuta ripetendo sulla stessa superficie, come fosse un rito, il gesto di disporre i materiali, nascono improvvise visioni dalle forme animali e dai contenuti violenti.

L'universo di Mirò è popolato da immagini più sognate e ritmate da colori dalla brillante tonalità. *Il carnevale di Arlecchino* è un complesso repertorio di segni in continua metamorfosi: una allegra trasposizione in epoca moderna del *Giardino delle delizie* di Bosch. In questo estremo disordine costellato di deliziosi piccoli mostri, come una dolce variazione musicale, gli oggetti e le cose si dispongono secondo un orchestrato gioco di equilibri. È un automatismo vitalistico in opposizione alle oscure e sinistre bizzarrie di Max Ernst.

Con Yves Tanguy la pittura assume un aspetto di liquidità. Piccole forme biomorfiche germinano dallo spazio cosmico con

In Marx Ernst e nei surrealisti la pittura diventa un linguaggio che evoca, come reali, eventi dell'immaginario. L'obiettivo è la ricerca di uno stato della coscienza che permetta l'ampliamento della percezione e quindi la nascita di una conoscenza svincolata dal controllo della ragione. In Mirò la fertile fantasia con cui l'artista affolla le sue tele di forme biomorfe è la compensazione della povertà del reale.

Salvador Dalì (1904), *Enigma senza fine*. Figueras (Spagna), Fondazione Dalì.
Dalì gioca attraverso spostamenti linguistici con uno spregiudicato recupero di frammenti che vengono reimpiegati sulla base della libera associazione. Il reale è funzionale alle esigenze espressive dell'artista.

ossessiva precisione. Formicolanti esseri si moltiplicano nel vuoto assumendo aspetti dalla indecifrabile figurazione.

Nell'opera di Dalì si assiste a una elaborazione che si avvicina alle elucubrazioni arcimboldesche. La conoscenza di Lacan e della psicoanalisi permette a Dalì di inventare un nuovo metodo, quello della "paranoia critica", che egli così definisce: «Metodo spontaneo di conoscenza irrazionale basato sull'associazione interpretativo-critica dei fenomeni deliranti». Rimane molto colpito da un "viso paranoico", come egli stesso lo chiama e che crede dipinto da Picasso; si tratta invece di una capanna e di un gruppo di personaggi visti secondo una diversa angolazione.

L'immagine si presta così a una doppia interpretazione. Dalì gioca sulla rappresentazione ossessiva degli oggetti a significato prevalentemente erotico. Le forme perdono la rigidità che le concretizza e si liquefanno in morbide e malleabili paste che a loro volta generano altre forme plasmabili. La pittura acquista la consistenza di un alimento che si può mangiare, così come una visione inghiotte l'altra.

In Magritte l'immagine si raggela e assume una fisionomia granitica. Pittore minuzioso e didascalico, Magritte crea lo

Nella pagina a fianco: René Magritte (1898-1967), *I giorni giganteschi* (1928).

Man Ray 1938

Nella pagina a fianco:
Man Ray (1890-1976),
L'incompreso (1938).

Marcel Duchamp
(1887-1968),
Scultura-morta (1959).

spaesamento e il disorientamento attraverso le sue immagini inquietanti. Sconcertanti accostamenti rispondono a una volontà che non esclude l'applicazione della logica. Uccelli si posano sulle nervature di foglie cresciute a dismisura; una candela si illumina al quarto di luna; una colomba ha la consistenza del cielo; una rosa riempie una stanza; un volto si trasforma in un corpo con tutti i suoi attributi. L'immagine nasce da uno spostamento linguistico; significato e significante inevitabilmente si scindono.

E sempre con l'intento, attraverso l'illusionismo, di destare meraviglia.

Molti altri sono gli artisti contemporanei, ognuno con un linguaggio proprio, ad aver giocato sulla combinazione di elementi diversi, da Bellmer a Brauner, a Picabia, dallo stesso Picasso a Labisse, da Dominguez al notissimo Chagall, le cui visioni si trasformano in antiche saghe ricche di allusioni metaforiche. Se in Duchamp si assiste, invece, a una concettualizzazione dell'immagine e a una negazione della qualità estetica, che tanto seguito avrà più tardi sugli artisti della Pop Art americana, Man Ray giunge, attraverso la fotografia, a creare dipinti dove l'allusività non vuole più sembrare tale. Gli accostamenti sono volutamente grotteschi e azzardati, come in molti suoi compagni di strada.

L'EPOCA DELL'ARCIMBOLDI: QUADRO CRONOLOGICO

Gerolamo Romanino (1484 ca. - dopo il 1559), *Carlo V e il fratello Ferdinando d'Asburgo* (1532). Trento, Castello del Buonconsiglio.

AVVENIMENTI STORICI		VITA DI ARCIMBOLDI
Sacco di Roma. La città è precipitosamente abbandonata dai molti artisti che vi lavorano.	**1527**	Nasce a Milano Giuseppe Arcimboldi, figlio del pittore Biagio, amico di Bernardino Luini. La famiglia Arcimboldi appartiene al patriziato cittadino; un suo membro, Giovanni Angelo, fu arcivescovo di Milano.
A Bologna, Carlo V è incoronato da Clemente VII imperatore e re d'Italia.	**1530**	
Hans Holbein il giovane dipinge il *Ritratto degli ambasciatori*. In mezzo all'opera campeggia un grande teschio, rappresentato per anamorfosi.	**1533**	
Rosso Fiorentino inizia la decorazione della Galleria del Castello di Fontainebleau. Parmigianino dipinge la *Madonna dal collo lungo*.	**1535**	
Riforma di Calvino a Ginevra. Pietro Aretino pubblica *I ragionamenti*.	**1536**	
Franz Floris giunge a Roma da Anversa. Ritornato in patria, diventerà un grande diffusore del michelangiolismo in ambiente fiammingo.	**1541**	
Copernico pubblica il *De revolutionibus orbium celestium*.	**1543**	
Durante la Dieta di Worms, gli ordini "protestanti" (da cui il nome) rifiutano di partecipare al Concilio di Trento. Sessione inaugurale del Concilio di Trento: è l'inizio della Controriforma.	**1545**	
Bronzino dipinge il ritratto di *Eleonora di Toledo*, che nel giro di pochi anni diventerà un modello per la ritrattistica di corte di tutta Europa.	**1546**	
Carlo V sconfigge i principi protestanti riuniti nella lega di Smalcalda. Tiziano raggiunge l'imperatore ad Augusta in Baviera, dove esegue diversi ritratti del sovrano.	**1547**	
	1549	Il suo nome compare per la prima volta nei registri della Fabbrica del Duomo di Milano, dove lavora insieme al padre. A questo periodo risalgono i cartoni per alcune vetrate del Duomo.
Giorgio Vasari pubblica la prima edizione de *Le vite*.	**1550**	
Dopo la pace di Augusta, Carlo V abdica. Gli succedono il fratello Ferdinando come imperatore e il figlio Filippo II come re di Spagna.	**1555**	
Elisabetta I regina d'Inghilterra. Muore Carlo V.	**1558**	Ha termine la sua attività nel cantiere del Duomo di Milano. Esegue il cartone per un arazzo destinato al Duomo di Como. L'opera è realizzata dall'artista fiammingo Giovanni Karcher.
Il Trattato di Cateau-Cambrésis, che segue le vittorie di San Quintino e di Gravelingen, segna l'apogeo della politica di Filippo II.	**1559**	
	1562	Si trasferisce a Vienna, al servizio della corte imperiale come ritrattista e copista, in sostituzione dell'anziano Jacob Seisenegger.
Il 31 gennaio è fondata a Firenze l'Accademia del Disegno. Sessione conclusiva del Concilio di Trento. Ferdinando, arciduca del Tirolo, eredita il castello di Ambras (Innsbruck), dove raccoglierà una delle più celebri raccolte d'arte e di meraviglie.	**1563**	Dipinge la prima serie delle *Quattro stagioni*.
A Roma muore Michelangelo. Muore Ferdinando d'Asburgo. Massimiliano II diventa imperatore. Nasce Galileo Galilei.	**1564**	
Nei Paesi Bassi inizia la rivolta contro il dominio spagnolo. Il pittore fiammingo Bartholomaeus Spranger è a Milano, dove entra in contatto con il manierismo lombardo.	**1565**	Il suo nome compare per la prima volta nei registri di corte. Dipinge *Il bibliotecario*.
	1566	Rientra in Italia. È probabile che in questa occasione fornisca i disegni allo stampatore veneziano Francesco Camocio per alcune stampe di soggetto illusionista.
	1568	Inizia la collaborazione con il letterato Giovan Battista Fonteo.
Nella villa di Pratolino (Firenze), Bernardo Buontalenti realizza per il granduca Francesco de' Medici uno dei più mirabili giardini manieristi: piante in forma figurata creano percorsi allegorici, fontane e giochi d'acqua vi muovono automi.	**1569**	Consegna all'imperatore Massimiliano II le due serie di dipinti *Le quattro stagioni* e *I quattro elementi*, insieme a una poesia encomiastica scritta in collaborazione con il Fonteo.
	1570	A Praga prepara le scenografie di un torneo organizzato per le nozze tra Elisabetta, figlia di Massimiliano II, e il re di Francia Carlo IX.
Battaglia di Lepanto: decisiva vittoria della flotta cristiana su quella turca. Nasce a Milano Michelangelo Merisi detto "il Caravaggio".	**1571**	A Vienna realizza gli apparati decorativi per la celebrazione delle nozze tra Carlo, arciduca d'Austria, e Maria di Baviera.
	1572	Esegue altre repliche delle *Quattro stagioni*.

Ferdinando, qui raffigurato come Re dei Romani (il titolo che designa il successore alla corona imperiale), è il capostipite degli Asburgo d'Austria, padre di Massimiliano II e nonno di Rodolfo, per i quali lavorò Giuseppe Arcimboldi.

AVVENIMENTI STORICI		VITA DI ARCIMBOLDI
	1573	Altre versioni delle *Quattro stagioni* gli vengono commissionate da Massimiliano II. Molto probabilmente una serie è destinata al principe elettore di Sassonia.
Spranger diventa pittore di corte a Vienna su raccomandazione del Giambologna.	**1575**	Il 14 luglio nasce a Praga Benedetto, figlio naturale dell'artista. L'atto di legittimazione è firmato dall'imperatore stesso.
Muore Massimiliano II. Gli succede il figlio, Rodolfo II.	**1576**	
A Bologna, i Carracci fondano l'accademia poi chiamata "degli Incamminati".	**1580**	Il 23 maggio l'imperatore Rodolfo II conferma la nobiltà della famiglia Arcimboldi.
Spranger si trasferisce a Praga, che diventa un centro di cultura manierista.	**1581**	
Il Giambologna termina il gruppo scultoreo del *Ratto delle Sabine.*	**1582**	Rodolfo II lo incarica di cercare pezzi antichi e oggetti rari per la sua "Wunderkammer". A questo scopo compie un viaggio ad Aquisgrana e a Kempten.
Muore san Carlo Borromeo, arcivescovo di Milano. Giovanni Paolo Lomazzo pubblica a Milano *Il trattato dell'arte della pittura*, in cui si parla dell'Arcimboldi.	**1584**	
	1585	Dona a Rodolfo II un gruppo di 148 disegni raffiguranti costumi, acconciature, armature, slitte e carri trionfali.
	1586	Progetto di decorazione per la nuova residenza del barone Grünbuchel, direttore del gabinetto di Rodolfo II.
	1587	Torna definitivamente a Milano. Alla partenza, Rodolfo II gli regala 1500 gulden.
Il pittore Pellegrino Tibaldi è chiamato a lavorare all'Escorial (Spagna).	**1589**	Dipinge *La flora*, che viene inviata a Praga insieme a una poesia dell'amico prelato Gregorio Comanini.
È pubblicato a Milano l'*Idea del Tempio della pittura* di Lomazzo.	**1590**	
Gregorio Comanini pubblica a Mantova il dialogo *Il Figino ovvero del fine della pittura*. L'Arcimboldi vi è celebrato come "virtuoso".	**1591**	Ritratto di Rodolfo II come *Vertunno.* Anche quest'opera, inviata a Praga, è celebrata dal Comanini. Il primo maggio Rodolfo lo nomina conte Palatino.
Caravaggio si trasferisce a Roma. Il pittore fiammingo Hans van Aachen è chiamato a Praga.	**1592**	
Federico Zuccari è nominato principe della Accademia di San Luca. Enrico IV re di Francia abiura il calvinismo per il cattolicesimo.	**1593**	L'undici luglio muore a Milano. È sepolto nella chiesa di San Pietro della Vigna.

GLI ASBURGO COMMITTENTI DI ARCIMBOLDI

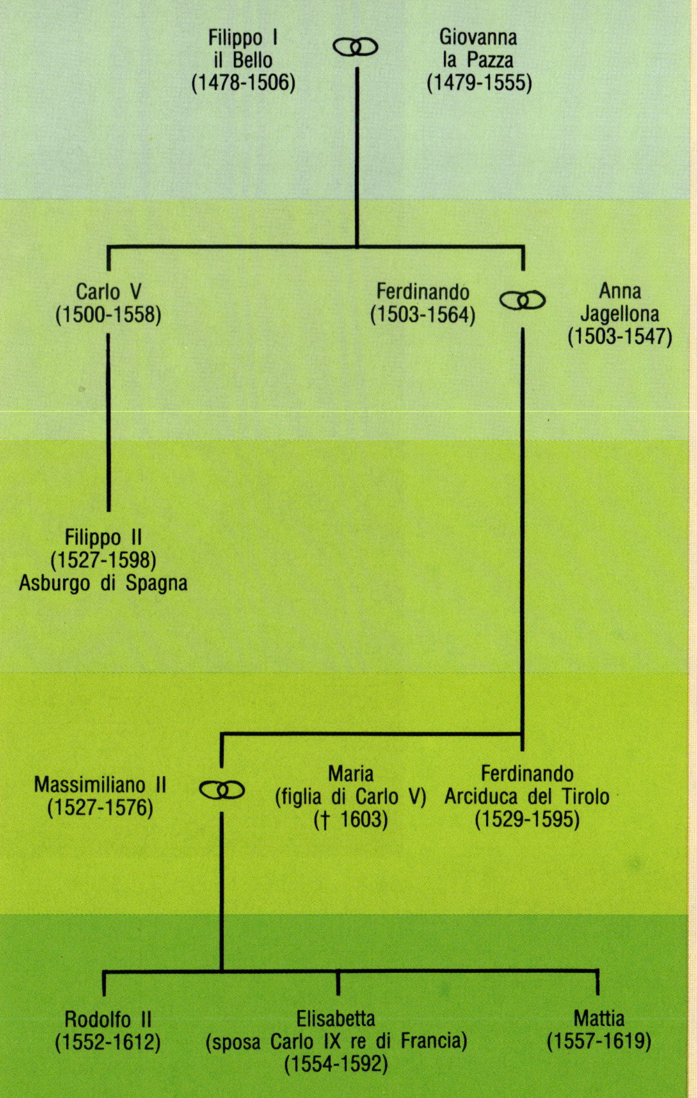

BIBLIOGRAFIA ESSENZIALE

La non vastissima bibliografia arcimboldesca fa riferimento a monografie pressoché contemporanee: Benno Geiger, *I dipinti ghiribizzosi di Giuseppe Arcimboldi*, Firenze, 1954; F.C. Legrand e F. Sluys, *Arcimboldo et les arcimboldesques*, Paris, 1955; Sven Alfons, *Giuseppe Arcimboldo*, Malmö, 1957.
Questi saggi vanno aggiornati con i contributi di Pavel Preiss (tra cui *Prages Marginalien zu Giuseppe Arcimboldo*, in *Alte und moderne Kunst*, 9, 1964, 77, pp. 12-14) e di Thomas Da Costa Kaufmann (*Arcimboldo's imperial allegories. G.B. Fonteo and the Interpretation of Arcimboldo's Painting*, in *Zeitschrift für Kunstgeschichte*, 39, 1976, 4, pp. 275-296), la monografia di Francesco Porzio (*L'universo illusorio di Arcimboldi*, Milano, 1979) e i recentissimi saggi che corredano il catalogo della mostra *Effetto Arcimboldo* (Venezia, 1987).
Vanno ricordati inoltre i due saggi di carattere letterario di Pierre de Mandiargues (*Arcimboldo mirus*, Paris, 1977) e di Roland Barthes (*Arcimboldo*, Milano, 1979). I disegni per i costumi e per le feste sono stati pubblicati a cura di Andreas Beyer (*Giuseppe Arcimboldo Figurinen und Entwurfe für höfische Feste*, Frankfurt, 1983).

Giuseppe Arcimboldi, *Flora* (1591 ca.).

REFERENZE FOTOGRAFICHE

Ag. Ricciarini, pp. 14a, 14b, 14c, 15, 40b, 50, 51a, 51b. L. Carrà, pag. 51. Cortesia autore, pp. 41a 41b, 45b, 45c, 46a, 46b, 47a, 47b, 48a, 51b, 51c. A. De Luca, pag. 49. Fot. St. Naz., pp. 3, 17a. Ist. Arch. Ger., pp. 10, 11. Mondadori, pag. 43. Palazzo Grassi, copertina; pp. 4, 5, 22, 23, 24, 28d, 29, 30, 31, 37, 60, 63, 66. Photoservice Fabbri, pp. 26, 33, 34, 35s, 58a, 58b, 59, 61, 62. Scala, pp. 6, 8, 9, 12, 13, 16, 19, 20-21, 35d, 40a, 44, 45a, 48b. G. Tomsich, p. 65. Windsor Castle, Royal Library, Her Majesty Queen Elizabeth II, pp. 28s, 36a, 36b.

Fascicoli e dossier arretrati:
Servizio abbonati
Tel. (055) 5062267
Fax (055) 5062287
c.c.p. 12940508
intestato a
Art e Dossier,
Firenze

Art e Dossier
Inserto redazionale allegato al n. 11, marzo 1987.
Direttore responsabile: Valerio Eletti
Pubblicazione periodica
Reg. Cancell. Trib. Firenze n. 3384 del 22-11-85.

Iva assolta dall'editore a norma dell'articolo 74 lett. c - DPR 633 del 26.10.72

Printed in Italy
Stampato presso, Giunti Industrie Grafiche S.p.A.
Stabilimento di Prato, aprile 1998
ISBN 88-09-76265-7